Einstern

2

Themenheft 4

⭐ Addition und Subtraktion ⭐ Längen
⭐ Sachaufgaben Teil 4 ⭐ Geld
⭐ Kombinatorik und Wahrscheinlichkeit

Erarbeitet von Roland Bauer und Jutta Maurach

In Zusammenarbeit mit der Redaktion Mathematik Grundschule

Inhaltsverzeichnis

1 Suche dir ein anderes Kind.
Legt Plusaufgaben mit Zehnerzahlen und zeichnet Rechenbilder.

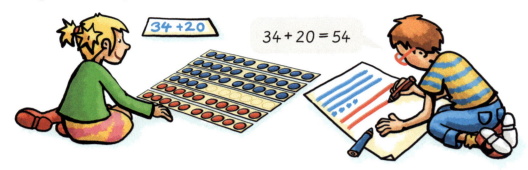

34 + 20

34 + 20 = 54

2 Löse die Aufgaben.

a) 27 + 30 = 57

38 + 40 =

52 + 20 =

45 + 50 =

35 + 30 =

b) 20 + 37 =

40 + 32 =

50 + 26 =

30 + 18 =

80 + 14 =

Das ist ja ganz einfach.

20 + 30 = 50
27 + 30 = 57

3 Ergänze die passenden Zahlen.

a) 32 + 20 = 52

49 + ☐ = 89

24 + ☐ = 54

58 + ☐ = 78

b) ☐ + 42 = 92

☐ + 31 = 71

☐ + 54 = 84

☐ + 25 = 55

c) 18 + ☐ = 68

42 + ☐ = 92

☐ + 33 = 43

☐ + 67 = 87

4 Ergänze passende Zehnerzahlen.
Finde jeweils zwei verschiedene
Möglichkeiten.

41 + 10 + 10 + 30 = 91 oder ...

a) 41 + 10 + 10 + 30 = 91

41 + ☐ + ☐ + ☐ = 91

b) 24 + ☐ + ☐ + ☐ + ☐ = 84

24 + ☐ + ☐ + ☐ + ☐ = 84

c) 33 + ☐ + ☐ + ☐ = 83

33 + ☐ + ☐ + ☐ = 83

d) 15 + ☐ + ☐ + ☐ + ☐ = 95

15 + ☐ + ☐ + ☐ + ☐ = 95

B   ÜH 45

★ Plusaufgaben mit Zehnerzahlen handelnd und mithilfe von Rechenbildern lösen
★ Plusaufgaben mit Zehnerzahlen lösen
★ Zehnerzahlen in Plusaufgaben ergänzen

✋ **1** Suche dir ein anderes Kind. Legt die Plusaufgaben wie Lea und Tim.

25 + 32

43 + 36

51 + 18

24 + 63

32 + 55

✦✦✦ Ich lege zuerst die Zehner dazu, dann die Einer.

✦✦✦ Ich lege zuerst die Einer dazu, dann die Zehner.

25 + 32

2 Rechne wie Lea. Schreibe die Rechenschritte auf.

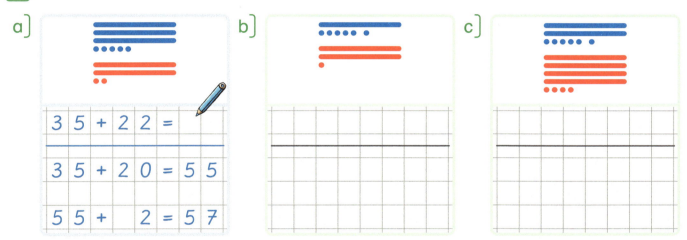

a)

3	5	+	2	2	=		
3	5	+	2	0	=	5	5
5	5	+		2	=	5	7

b)

c)

3 Rechne wie Tim. Schreibe die Rechenschritte auf.

a)

5	4	+	2	3	=		
5	4	+		3	=	5	7
5	7	+	2	0	=	7	7

b)

c)

★ beim handelnden Lösen von Plusaufgaben mit zweistelligen Zahlen unterschiedliche Vorgehensweisen erproben ★ bei bildlich dargestellten Plusaufgaben mit zweistelligen Zahlen zwei unterschiedliche Rechenschritte anwenden und notieren

B 5

1 Plusaufgaben in zwei Schritten lösen

65 + 23 = ◼

Lea: Ich rechne zuerst die Zehner dazu und dann die Einer.

Tim: Ich rechne zuerst die Einer dazu und dann die Zehner.

$$65 + 23 = 88$$
$$65 + 20 = 85$$
$$85 + 3 = 88$$

$$65 + 23 = 88$$
$$65 + 3 = 68$$
$$68 + 20 = 88$$

---

1 Rechne wie Lea. Lies die Aufgabe und die Rechenschritte am Rechenstrich ab.

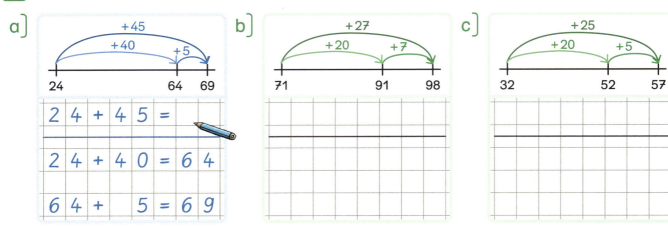

a)
$$24 + 45 =$$
$$24 + 40 = 64$$
$$64 + 5 = 69$$

b)

c)

2 Rechne wie Tim. Lies die Aufgabe und die Rechenschritte am Rechenstrich ab.

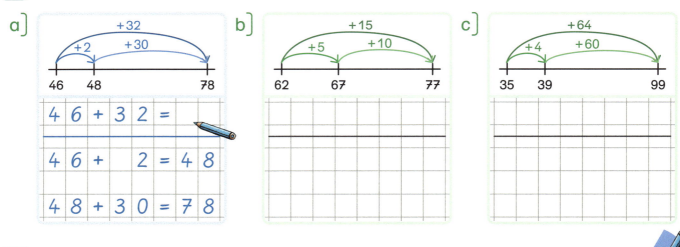

a)
$$46 + 32 =$$
$$46 + 2 = 48$$
$$48 + 30 = 78$$

b)

c)

3 Löse die Aufgabe 42 + 21 auf deinem Weg.
Vergleiche mit anderen Kindern.

Seite 6 Aufgabe 3
...

★ Rechenschritte bei Plusaufgaben mit zweistelligen Zahlen am Rechenstrich ablesen und notieren
★ SF: Rechenschritte beschreiben und vergleichen

4 Löse die Aufgaben. Stelle deine Rechenschritte am Rechenstrich dar.

a]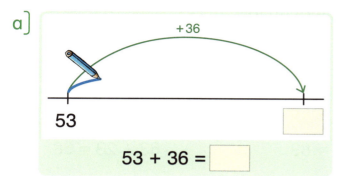

53

53 + 36 = ☐

b]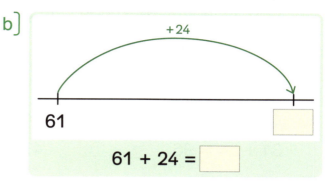

61

61 + 24 = ☐

c]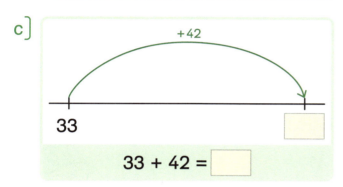

33

33 + 42 = ☐

d]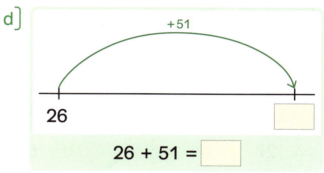

26

26 + 51 = ☐

5 Löse die Aufgaben. Schreibe deine Rechenschritte auf.

a] 43 + 55 = ☐

43 + ☐ = ☐

☐ + ☐ = ☐

b] 57 + 32 = ☐

☐ + ☐ = ☐

☐ + ☐ = ☐

c] 25 + 73 = ☐

☐ + ☐ = ☐

☐ + ☐ = ☐

d] 31 + 28 = ☐

☐ + ☐ = ☐

☐ + ☐ = ☐

e] 14 + 35 = ☐

☐ + ☐ = ☐

☐ + ☐ = ☐

f] 45 + 25 = ☐

☐ + ☐ = ☐

☐ + ☐ = ☐

6 Löse die Aufgaben. Rechne mit deinen Rechenschritten im Kopf.
Kontrolliere die Ergebnisse. Die Lösungszahlen findest du in den Sternen.

a] 61 + 28 = 89

34 + 35 = ☐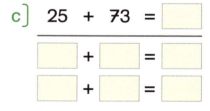

56 + 41 = ☐

b] 42 + 23 = ☐

71 + 17 = ☐

25 + 52 = ☐

c] 56 + 31 = ☐

34 + 22 = ☐

62 + 16 = ☐

56   65   69   77   78   87   88   89   97

★ Plusaufgaben lösen, die gewählten Rechenschritte am Rechenstrich darstellen bzw. notieren
★ Plusaufgaben in zwei Schritten im Kopf lösen und kontrollieren

ÜH 46, 47   AH 51   **7**

1 Kontrolliere die Aufgaben. Verbessere die Fehler.
Tipp: In jedem Päckchen sind zwei Aufgaben falsch.

a]
$54 + 23 = 77$ ✓
$13 + 45 = \cancel{59}$ 58
$73 + 16 = 89$ ____
$31 + 64 = 96$ ____

b]
$27 + 51 = 68$ ____
$62 + 24 = 86$ ____
$34 + 33 = 67$ ____
$47 + 52 = 89$ ____

c]
$41 + 25 = 66$ ____
$26 + 32 = 58$ ____
$53 + 14 = 76$ ____
$63 + 23 = 68$ ____

d] Bei a], b] und c] wurden jeweils gleiche Fehler gemacht.
Erkläre einem anderen Kind, was falsch gemacht wurde.

2 Löse die Aufgaben. Setze die Aufgabenreihen fort.

Ich sehe ein Muster.

a]
$27 + 41 = \boxed{}$
$26 + 42 = \boxed{}$
$25 + 43 = \boxed{}$
$\boxed{} + \boxed{} = \boxed{}$
$\boxed{} + \boxed{} = \boxed{}$

b]
$55 + 31 = \boxed{}$
$54 + 32 = \boxed{}$
$53 + 33 = \boxed{}$
$\boxed{} + \boxed{} = \boxed{}$
$\boxed{} + \boxed{} = \boxed{}$

c] Beschreibe, wie sich die Zahlen bei a] und b] verändern.
Ergänze dazu die angefangenen Sätze.

Die erste Zahl _____.

Die zweite Zahl _____.

Das Ergebnis _____.

3 Bilde mit diesen Ziffernkärtchen Plusaufgaben. **1 2 3 5**
Besprich dein Vorgehen mit einem anderen Kind.

a] Bilde vier beliebige Plusaufgaben.

b] Bilde zwei Plusaufgaben mit der Ergebniszahl 38.

c] Bilde zwei Plusaufgaben mit der Ergebniszahl 47.

Seite 8 Aufgabe 3
a) $1\,2 + 5\,3 = 6\,5$
⋮
b) ...

★ MK: Fehler finden und kategorisieren, SF: Fehler beschreiben ★ MK: Aufgabenreihen lösen
und fortsetzen, SF: Muster beschreiben ★ aus vorgegebenen Ziffernkärtchen nach
angegebenen Kriterien selbst Aufgaben bilden, SF: Vorgehen beschreiben

1 Löse die Aufgaben.

Das kannst du schon.

a) 8 + 5 = 13

6 + 4 = ☐

7 + 8 = ☐

6 + 6 = ☐

b) 9 + 5 = ☐

4 + 7 = ☐

8 + 4 = ☐

9 + 9 = ☐

c) 5 + 7 = ☐

7 + 7 = ☐

9 + 8 = ☐

8 + 7 = ☐

2 Finde und löse zuerst die kleine Aufgabe.

a) 6 + 7 = 13

36 + 7 = 43

b) ☐ + ☐ = ☐

45 + 8 = ☐

c) ☐ + ☐ = ☐

87 + 5 = ☐

d) ☐ + ☐ = ☐

86 + 6 = ☐

e) ☐ + ☐ = ☐

74 + 7 = ☐

f) ☐ + ☐ = ☐

45 + 6 = ☐

3 Rechne die Aufgabe in Schritten. Rechne zuerst zum Zehner.

a) 67 + 8 = ☐

67 + 3 = ☐

☐ + ☐ = ☐

b) 38 + 4 = ☐

☐ + ☐ = ☐

☐ + ☐ = ☐

c) 56 + 6 = ☐

☐ + ☐ = ☐

☐ + ☐ = ☐

4 Löse die Aufgaben. Rechne mit deinen Rechenschritten im Kopf.
Kontrolliere die Ergebnisse. Die Lösungszahlen findest du in den Sternen.

a) 47 + 7 = ☐

29 + 4 = ☐

65 + 8 = ☐

34 + 7 = ☐

b) 78 + 7 = ☐

55 + 6 = ☐

36 + 9 = ☐

68 + 6 = ☐

c) 83 + 9 = ☐

47 + 6 = ☐

79 + 3 = ☐

58 + 5 = ☐

⭐33 ⭐41 ⭐45 ⭐53 ⭐54 ⭐61 ⭐63 ⭐73 ⭐74 ⭐82 ⭐85 ⭐92

 Plusaufgaben mit Zehnerüberschreitung im Zahlenraum bis 20 wiederholen
⭐ Plusaufgaben mit Einern und Zehnerüberschreitung im Zahlenraum bis 100 wiederholen

9

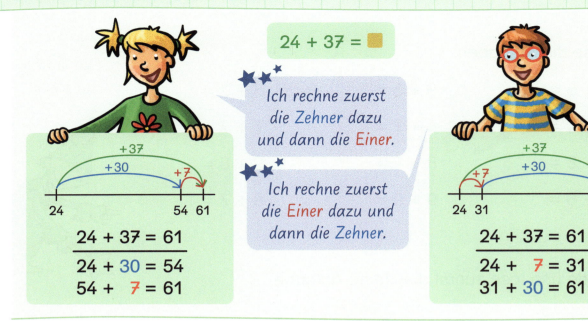

$24 + 37 = \blacksquare$

Ich rechne zuerst die Zehner dazu und dann die Einer.

$24 + 37 = 61$
$24 + 30 = 54$
$54 + 7 = 61$

Ich rechne zuerst die Einer dazu und dann die Zehner.

$24 + 37 = 61$
$24 + 7 = 31$
$31 + 30 = 61$

---

1 Wie rechnest du die Aufgabe 24 + 37?
Vergleiche mit anderen Kindern.

2 Löse die Aufgaben. Stelle deine Rechenschritte am Rechenstrich dar.

a)

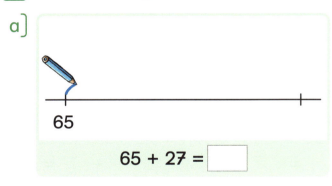

65

$65 + 27 = \boxed{}$

b)

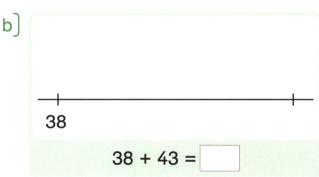

38

$38 + 43 = \boxed{}$

3 Löse die Aufgaben. Schreibe deine Rechenschritte auf.

a) $56 + 18 = \boxed{}$

$\boxed{} + \boxed{} = \boxed{}$
$\boxed{} + \boxed{} = \boxed{}$

b) $47 + 36 = \boxed{}$

$\boxed{} + \boxed{} = \boxed{}$
$\boxed{} + \boxed{} = \boxed{}$

c) $28 + 45 = \boxed{}$

$\boxed{} + \boxed{} = \boxed{}$
$\boxed{} + \boxed{} = \boxed{}$

4 Löse die Aufgaben im Heft.
Schreibe deine Rechenschritte auf oder stelle sie am Rechenstrich dar.

a) $76 + 18 = \blacksquare$
$47 + 25 = \blacksquare$
$39 + 52 = \blacksquare$
$53 + 19 = \blacksquare$

b) $36 + 48 = \blacksquare$
$69 + 27 = \blacksquare$
$24 + 38 = \blacksquare$
$55 + 16 = \blacksquare$

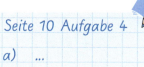

Seite 10 Aufgabe 4
a) ...

★ SF: dargestellte Rechenschritte bei Plusaufgaben mit zweistelligen Zahlen und Zehnerüberschreitung nachvollziehen, beschreiben und vergleichen ★ den eigenen Rechenweg
beim Lösen von Aufgaben anwenden, am Rechenstrich zeichnen bzw. notieren

$$46 + 29 = \blacksquare$$

Ich rechne zuerst
46 + 30 = 76 und ziehe
dann wieder 1 ab.

46 + 29 = 75
46 + 30 = 76
76 − 1 = 75

1 Löse die Aufgaben wie Mai-Lin.

a) Stelle die Rechenschritte am Rechenstrich dar.

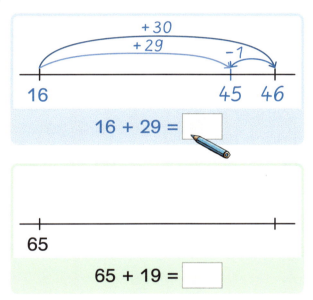

16 + 29 = ☐

44 + 39 = ☐

65 + 19 = ☐

38 + 29 = ☐

b) Schreibe die Rechenschritte auf.

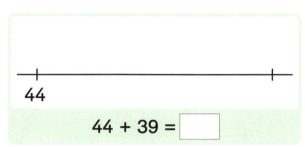

47 + 39 = ☐
47 ⊕ 40 = 87
87 ⊖ 1 =

24 + 29 = ☐
☐ ○ ☐ = ☐
☐ ○ ☐ = ☐

73 + 19 = ☐
☐ ○ ☐ = ☐
☐ ○ ☐ = ☐

2 Unterstreiche und löse zuerst die Aufgaben,
die du mit dem Weg von Mai-Lin rechnen kannst.

a) 27 + 45 = ☐
35 + 29 = ☐
18 + 36 = ☐
46 + 39 = ☐

b) 57 + 28 = ☐
36 + 45 = ☐
68 + 19 = ☐
29 + 39 = ☐

c) 24 + 28 = ☐
55 + 39 = ☐
27 + 29 = ☐
48 + 36 = ☐

★ vorteilhafte Rechenschritte bei Plusaufgaben mit Zahlen mit 9 Einern
nachvollziehen und anwenden, am Rechenstrich einzeichnen und notieren
★ Aufgaben mit Möglichkeiten zum vorteilhaften Rechnen erkennen und lösen

ÜH 48   **11**

1 Ordne passend zu. Löse dann die Aufgaben.

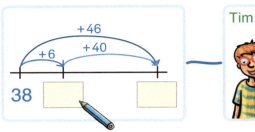

38 ___

Tim
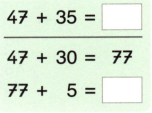
Ich rechne zuerst die Einer dazu und dann die Zehner.

47 + 35 = ___
_____
47 + 30 = 77
77 + 5 = ___

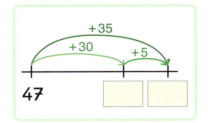

47 ___ ___

Mai-Lin

Ich rechne zuerst die Zehnerzahl dazu und ziehe dann wieder 1 ab.

38 + 46 = ___
_____
38 + 6 = 44
44 + 40 = ___

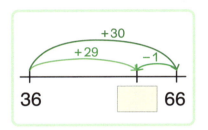

36 ___ 66

Lea

Ich rechne zuerst die Zehner dazu und dann die Einer.

36 + 29 = ___
_____
36 + 30 = 66
66 − 1 = ___

2 Löse die Aufgaben wie Tim, Lea oder Mai-Lin.
Zeichne und schreibe den Rechenweg auf.

a) **wie Tim:**   23 + 68 = ___

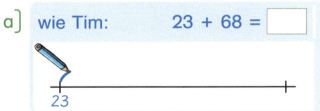

23

___ ◯ ___ = ___
_____
___ ◯ ___ = ___
___ ◯ ___ = ___

b) **wie Lea:**   48 + 25 = ___

___ ◯ ___ = ___
_____
___ ◯ ___ = ___
___ ◯ ___ = ___

Wie rechnest du am liebsten?

c) **wie Mai-Lin:**   25 + 39 = ___

___ ◯ ___ = ___
_____
___ ◯ ___ = ___
___ ◯ ___ = ___

★ beschriebene Rechenschritte den Darstellungen am Rechenstrich und der halbschriftlichen Notationsform zuordnen
★ vorgegebene Rechenschritte beim Lösen von Aufgaben anwenden und darstellen

[1] Löse die Aufgaben in deinem Heft.
Stelle deine Rechenschritte
am Rechenstrich dar oder schreibe sie auf.

Wie rechnest du?

a) 68 + 26 = ☐
25 + 37 = ☐
74 + 17 = ☐
49 + 19 = ☐

b) 69 + 18 = ☐
24 + 69 = ☐
29 + 37 = ☐
26 + 58 = ☐

c) 58 + 15 = ☐
65 + 28 = ☐
29 + 13 = ☐
57 + 28 = ☐

Seite 13 Aufgabe 1
a) ...

[2] Löse die Aufgaben. Rechne mit deinen Rechenschritten im Kopf.
Die Lösungszahlen findest du in den Sternen.

a) 33 + 58 = **91**
24 + 47 = ☐
25 + 36 = ☐
46 + 26 = ☐

b) 26 + 49 = ☐
38 + 24 = ☐
46 + 47 = ☐
58 + 39 = ☐

c) 63 + 19 = ☐
29 + 34 = ☐
17 + 47 = ☐
57 + 26 = ☐

⭐61 ⭐62 ⭐63 ⭐64 ⭐71 ⭐72 ⭐75 ⭐82 ⭐83 ⭐91̸ ⭐93 ⭐97

[3] Kontrolliere die Aufgaben. Verbessere die Fehler.
Tipp: In jedem Päckchen sind zwei Aufgaben falsch.

a) 44 + 18 = 62 ✓
47 + 45 = 2̸9̸ 92
27 + 55 = 82 ____
36 + 45 = 18 ____

b) 38 + 23 = 61 ____
36 + 48 = 74 ____
49 + 32 = 81 ____
28 + 34 = 52 ____

c) 35 + 28 = 63 ____
52 + 19 = 71 ____
47 + 34 = 82 ____
13 + 49 = 63 ____

[4] Du findest in den Aufgaben [3] a), [3] b) und [3] c) jeweils gleiche Fehler.
Schreibe auf, was falsch gemacht wurde.

_____

_____

★ Aufgaben mit dem eigenen Rechenweg lösen, Rechenschritte
am Rechenstrich darstellen oder notieren, Aufgaben im Kopf lösen
★ MK/SF: Fehler in Aufgaben finden und kategorisieren

D 61   ÜH 49   AH 52   **13**

☝ 1 Suche dir ein anderes Kind.
Legt Minusaufgaben mit Zehnerzahlen und zeichnet Rechenbilder.

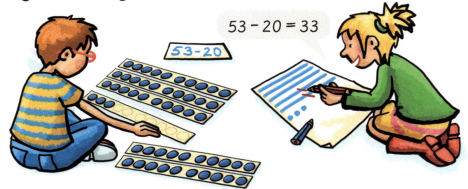

$53 - 20 = 33$

$53 - 20$

2 Löse die Aufgaben.

a) $63 - 20 = \boxed{43}$

$87 - 40 = \boxed{}$

$95 - 30 = \boxed{}$

$72 - 50 = \boxed{}$

$84 - 60 = \boxed{}$

b) $98 - 60 = \boxed{}$

$46 - 20 = \boxed{}$

$53 - 30 = \boxed{}$

$78 - 40 = \boxed{}$

$37 - 20 = \boxed{}$

Das ist ja ganz einfach.

$60 - 20 = 40$
$63 - 20 = 43$

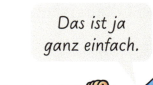

3 Ergänze die passenden Zahlen.

a) $95 - \boxed{50} = 45$

$87 - \boxed{} = 37$

$63 - \boxed{} = 43$

$72 - \boxed{} = 12$

b) $\boxed{} - 20 = 27$

$\boxed{} - 40 = 31$

$\boxed{} - 30 = 52$

$\boxed{} - 60 = 18$

c) $78 - \boxed{} = 58$

$\boxed{} - 30 = 42$

$92 - \boxed{} = 62$

$\boxed{} - 40 = 23$

4 Ergänze passende Zehnerzahlen.
Finde jeweils zwei verschiedene
Möglichkeiten.

$93 - 50 - 10 - 10 = 23$ oder ...

a) $93 - \boxed{50} - \boxed{10} - \boxed{10} = 23$

$93 - \boxed{} - \boxed{} - \boxed{} = 23$

b) $89 - \boxed{} - \boxed{} - \boxed{} - \boxed{} = 19$

$89 - \boxed{} - \boxed{} - \boxed{} - \boxed{} = 19$

c) $81 - \boxed{} - \boxed{} - \boxed{} = 31$

$81 - \boxed{} - \boxed{} - \boxed{} = 31$

d) $68 - \boxed{} - \boxed{} - \boxed{} - \boxed{} = 8$

$68 - \boxed{} - \boxed{} - \boxed{} - \boxed{} = 8$

 B ÜH 50

★ Minusaufgaben mit Zehnerzahlen handelnd und mithilfe von Rechenbildern lösen
★ Minusaufgaben mit Zehnerzahlen lösen
★ Zehnerzahlen in Minusaufgaben ergänzen

✋ 1 Suche dir ein anderes Kind. Legt die Minusaufgaben wie Lea und Tim.

45 – 32

58 – 35

76 – 14

64 – 21

39 – 17

⭐⭐⭐ Ich nehme zuerst die Zehner weg, dann die Einer.

⭐⭐⭐ Ich nehme zuerst die Einer weg, dann die Zehner.

45 – 32

2 Rechne wie Lea. Schreibe die Rechenschritte auf.

a)

4	7	–	2	3	=	
4	7	–	2	0	=	2	7
2	7	–		3	=	2	4

b)

c)

3 Rechne wie Tim. Schreibe die Rechenschritte auf.

a)

7	7	–	4	5	=	
7	7	–		5	=	7	2
7	2	–	4	0	=	3	2

b)

c)

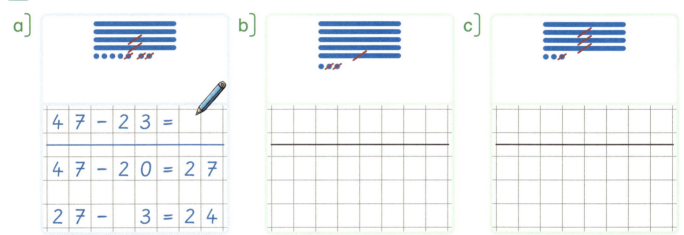

★ beim handelnden Lösen von Minusaufgaben mit zweistelligen Zahlen unterschiedliche Vorgehensweisen erproben ★ bei bildlich dargestellten Minusaufgaben mit zweistelligen Zahlen zwei unterschiedliche Rechenschritte anwenden und notieren

B 15

2 Minusaufgaben in zwei Schritten lösen

$$73 - 31 = \blacksquare$$

Ich nehme zuerst die Einer weg und dann die Zehner.

$$73 - 31 = 42$$
$$73 - 30 = 43$$
$$43 - 1 = 42$$

Ich nehme zuerst die Zehner weg und dann die Einer.

$$73 - 31 = 42$$
$$73 - 1 = 72$$
$$72 - 30 = 42$$

---

1 Rechne wie Lea. Lies die Aufgabe und die Rechenschritte am Rechenstrich ab.

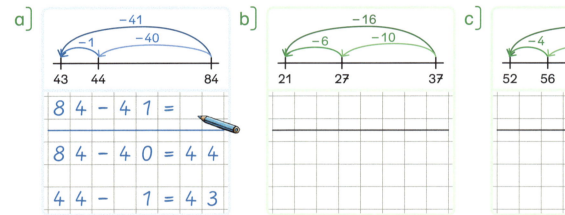

a)

$$8\ 4 - 4\ 1 =$$
$$8\ 4 - 4\ 0 = 4\ 4$$
$$4\ 4 - \quad 1 = 4\ 3$$

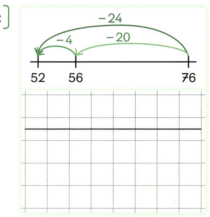

b)

c)

2 Rechne wie Tim. Lies die Aufgabe und die Rechenschritte am Rechenstrich ab.

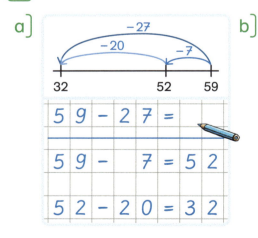

a)

$$5\ 9 - 2\ 7 =$$
$$5\ 9 - \quad 7 = 5\ 2$$
$$5\ 2 - 2\ 0 = 3\ 2$$

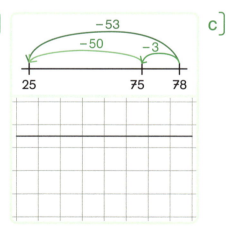

b)

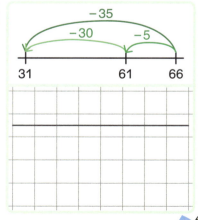

c)

3 Löse die Aufgabe 57 − 34 auf deinem Weg.
Vergleiche mit anderen Kindern.

Seite 16 Aufgabe 3

...

★ Rechenschritte bei Minusaufgaben mit zweistelligen Zahlen
am Rechenstrich ablesen und notieren
★ SF: Rechenschritte beschreiben und vergleichen

4 Löse die Aufgaben. Stelle deine Rechenschritte am Rechenstrich dar.

a)
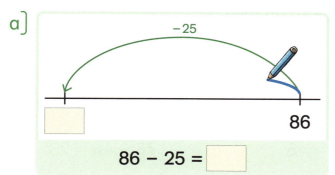

$$86 - 25 = \boxed{}$$

b)
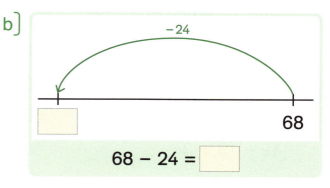

$$68 - 24 = \boxed{}$$

c)
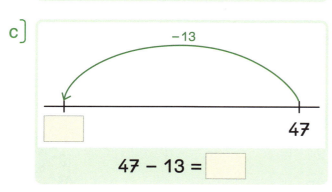

$$47 - 13 = \boxed{}$$

d)
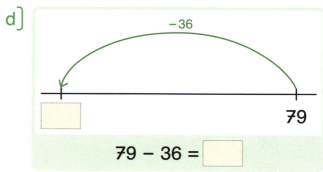

$$79 - 36 = \boxed{}$$

5 Löse die Aufgaben. Schreibe deine Rechenschritte auf.

a) $95 - 31 = \boxed{}$

$95 - \boxed{} = \boxed{}$

$\boxed{} - \boxed{} = \boxed{}$

b) $54 - 22 = \boxed{}$

$\boxed{} - \boxed{} = \boxed{}$

$\boxed{} - \boxed{} = \boxed{}$

c) $56 - 34 = \boxed{}$

$\boxed{} - \boxed{} = \boxed{}$

$\boxed{} - \boxed{} = \boxed{}$

d) $65 - 32 = \boxed{}$

$\boxed{} - \boxed{} = \boxed{}$

$\boxed{} - \boxed{} = \boxed{}$

e) $87 - 24 = \boxed{}$

$\boxed{} - \boxed{} = \boxed{}$

$\boxed{} - \boxed{} = \boxed{}$

f) $98 - 56 = \boxed{}$

$\boxed{} - \boxed{} = \boxed{}$

$\boxed{} - \boxed{} = \boxed{}$

6 Löse die Aufgaben. Rechne mit deinen Rechenschritten im Kopf.
Kontrolliere die Ergebnisse. Die Lösungszahlen findest du in den Sternen.

a) $75 - 42 = \boxed{33}$

$38 - 24 = \boxed{}$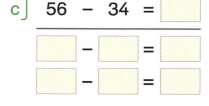

$56 - 31 = \boxed{}$

b) $48 - 24 = \boxed{}$

$69 - 17 = \boxed{}$

$97 - 54 = \boxed{}$

c) $56 - 23 = \boxed{}$

$94 - 62 = \boxed{}$

$66 - 43 = \boxed{}$

⭐ 14 ⭐ 23 ⭐ 24 ⭐ 25 ⭐ 32 ⭐ 33 ⭐ 33̶ ⭐ 43 ⭐ 52

★ Minusaufgaben lösen, die gewählten Rechenschritte
am Rechenstrich darstellen, Rechenschritte notieren
★ Minusaufgaben in zwei Schritten im Kopf lösen und kontrollieren

ÜH 51, 52 AH 53 **17**

1 Kontrolliere die Aufgaben. Verbessere die Fehler.
Tipp: In jedem Päckchen sind zwei Aufgaben falsch.

a] $96 - 24 = 72$ ✓
$89 - 37 = \cancel{53}$ 52
$85 - 43 = 42$ ___
$49 - 16 = 34$ ___

b] $78 - 37 = 51$ ___
$58 - 25 = 33$ ___
$67 - 34 = 43$ ___
$66 - 21 = 45$ ___

c] $63 - 21 = 42$ ___
$47 - 33 = 41$ ___
$95 - 14 = 81$ ___
$76 - 44 = 23$ ___

 d] Bei a], b] und c] wurden jeweils gleiche Fehler gemacht.
Erkläre einem anderen Kind, was falsch gemacht wurde.

2 Löse die Aufgaben. Setze die Aufgabenreihen fort.

Ich sehe ein Muster.

a] $58 - 35 =$ ☐
$57 - 34 =$ ☐
$56 - 33 =$ ☐
☐ $-$ ☐ $=$ ☐
☐ $-$ ☐ $=$ ☐

b] $75 - 24 =$ ☐
$74 - 23 =$ ☐
$73 - 22 =$ ☐
☐ $-$ ☐ $=$ ☐
☐ $-$ ☐ $=$ ☐

 c] Beschreibe, wie sich die Zahlen bei a] und b] verändern.
Ergänze dazu die angefangenen Sätze.

Die erste Zahl _____ .

Die zweite Zahl _____ .

Das Ergebnis _____ .

3 Bilde mit diesen Ziffernkärtchen Minusaufgaben. 2 4 7 8

a] Bilde vier beliebige Minusaufgaben.

b] Bilde zwei Minusaufgaben mit einem Ergebnis
zwischen 10 und 30.

c] Bilde zwei Minusaufgaben mit einem Ergebnis
zwischen 50 und 70.

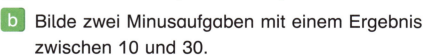
Seite 18 Aufgabe 3
a) $48 - 27 = 21$
    ⋮
b) ...

★ MK: Fehler finden und kategorisieren, SF: Fehler beschreiben ★ MK: Aufgabenreihen lösen und fortsetzen, SF: Muster beschreiben ★ aus vorgegebenen Ziffernkärtchen nach angegebenen Kriterien selbst Aufgaben bilden, SF: Vorgehen beschreiben

1 Löse die Aufgaben.

a) 11 – 8 = 3   b) 16 – 7 = ☐   c) 11 – 6 = ☐

15 – 7 = ☐   13 – 9 = ☐   13 – 7 = ☐

14 – 8 = ☐   15 – 6 = ☐   12 – 9 = ☐

12 – 6 = ☐   14 – 7 = ☐   16 – 8 = ☐

Das kannst du schon.

2 Finde und löse zuerst die kleine Aufgabe.

a) 13 – 6 = 7   b) ☐ – ☐ = ☐   c) ☐ – ☐ = ☐

63 – 6 = 57   34 – 7 = ☐   52 – 5 = ☐

d) ☐ – ☐ = ☐   e) ☐ – ☐ = ☐   f) ☐ – ☐ = ☐

76 – 8 = ☐   43 – 7 = ☐   82 – 6 = ☐

3 Rechne die Aufgabe in Schritten. Rechne zuerst zum Zehner.

a) 41 – 4 = ☐   b) 62 – 8 = ☐   c) 73 – 5 = ☐

41 – 1 = ☐   ☐ – ☐ = ☐   ☐ – ☐ = ☐

☐ – ☐ = ☐   ☐ – ☐ = ☐   ☐ – ☐ = ☐

4 Löse die Aufgaben. Rechne mit deinen Rechenschritten im Kopf.
Kontrolliere die Ergebnisse. Die Lösungszahlen findest du in den Sternen.

a) 33 – 7 = ☐   b) 34 – 6 = ☐   c) 31 – 4 = ☐

84 – 8 = ☐   61 – 7 = ☐   75 – 9 = ☐

42 – 6 = ☐   92 – 5 = ☐   52 – 7 = ☐

71 – 4 = ☐   46 – 9 = ☐   96 – 8 = ☐

⭐26 ⭐27 ⭐28 ⭐36 ⭐37 ⭐45 ⭐54 ⭐66 ⭐67 ⭐76 ⭐87 ⭐88

★ Minusaufgaben mit Zehnerüberschreitung im Zahlenraum bis 20 wiederholen
★ Minusaufgaben mit Einern und Zehnerüberschreitung im Zahlenraum bis 100 wiederholen

$54 - 26 = $ ▇

Ich ziehe zuerst die Zehner ab und dann die Einer.

$$54 - 26 = 28$$
$$54 - 20 = 34$$
$$34 - 6 = 28$$

Ich ziehe zuerst die Einer ab und dann die Zehner.

$$54 - 26 = 28$$
$$54 - 6 = 48$$
$$48 - 20 = 28$$

1 Wie rechnest du die Aufgabe 54 – 26?
Vergleiche mit anderen Kindern.

2 Löse die Aufgaben. Stelle deine Rechenschritte am Rechenstrich dar.

a)

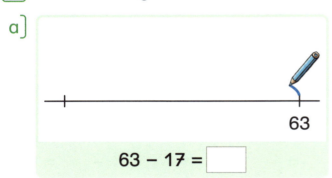

63

$63 - 17 = $ ▢

b)

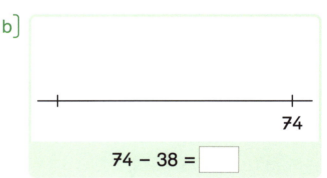

74

$74 - 38 = $ ▢

3 Löse die Aufgaben. Schreibe deine Rechenschritte auf.

a) $53 - 28 = $ ▢
▢ – ▢ = ▢
▢ – ▢ = ▢

b) $81 - 46 = $ ▢
▢ – ▢ = ▢
▢ – ▢ = ▢

c) $45 - 18 = $ ▢
▢ – ▢ = ▢
▢ – ▢ = ▢

4 Löse die Aufgaben im Heft.
Schreibe deine Rechenschritte auf oder stelle sie am Rechenstrich dar.

a) $92 - 47 = $ ▇
$45 - 37 = $ ▇
$62 - 49 = $ ▇
$83 - 46 = $ ▇

b) $96 - 58 = $ ▇
$77 - 49 = $ ▇
$32 - 18 = $ ▇
$51 - 25 = $ ▇

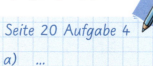

Seite 20 Aufgabe 4
a) ...

★ SF: dargestellte Rechenschritte bei Minusaufgaben mit zweistelligen Zahlen und Zehnerüberschreitung nachvollziehen, beschreiben und vergleichen ★ den eigenen Rechenweg beim Lösen von Aufgaben anwenden, am Rechenstrich zeichnen bzw. notieren

$52 - 29 = \blacksquare$

$52 - 29 = 23$
_____
$52 - 30 = 22$
$22 + 1 = 23$

Ich rechne zuerst 52 – 30 = 22, dann rechne ich wieder 1 dazu.

1 Löse die Aufgaben wie Mai-Lin.

a) Stelle die Rechenschritte am Rechenstrich dar.

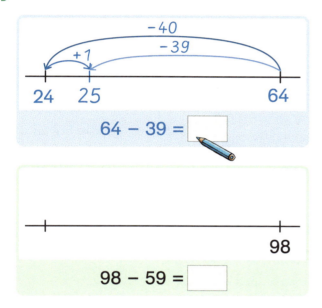

$64 - 39 = \boxed{}$

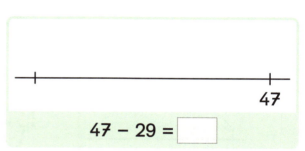

$47 - 29 = \boxed{}$

$98 - 59 = \boxed{}$

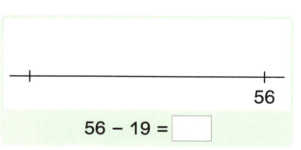

$56 - 19 = \boxed{}$

b) Schreibe die Rechenschritte auf.

$43 - 19 = \boxed{}$
_____
$43 \;\ominus\; 20 = 23$
$23 \;\oplus\; 1 = \boxed{}$

$65 - 59 = \boxed{}$
_____
$\boxed{} \bigcirc \boxed{} = \boxed{}$
$\boxed{} \bigcirc \boxed{} = \boxed{}$

$88 - 29 = \boxed{}$
_____
$\boxed{} \bigcirc \boxed{} = \boxed{}$
$\boxed{} \bigcirc \boxed{} = \boxed{}$

2 Unterstreiche und löse zuerst die Aufgaben, die du mit dem Weg von Mai-Lin rechnen kannst.

a) $46 - 39 = \boxed{}$

$64 - 36 = \boxed{}$

$73 - 19 = \boxed{}$

$82 - 48 = \boxed{}$

b) $93 - 49 = \boxed{}$

$72 - 23 = \boxed{}$

$61 - 28 = \boxed{}$

$67 - 39 = \boxed{}$

c) $45 - 26 = \boxed{}$

$54 - 39 = \boxed{}$

$64 - 49 = \boxed{}$

$74 - 48 = \boxed{}$

★ vorteilhafte Rechenschritte bei Minusaufgaben mit Zahlen mit 9 Einern nachvollziehen und anwenden, am Rechenstrich einzeichnen und notieren
★ Aufgaben mit Möglichkeiten zum vorteilhaften Rechnen erkennen und lösen

1 Ordne passend zu. Löse dann die Aufgaben.

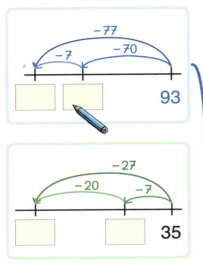

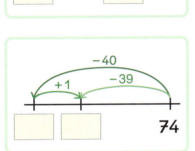

Tim

Ich ziehe zuerst die Einer ab und dann die Zehner.

Mai-Lin

Ich ziehe zuerst die Zehnerzahl ab und rechne dann wieder 1 dazu.

Lea

Ich ziehe zuerst die Zehner ab und dann die Einer.

$74 - 39 = \boxed{}$

$74 - 40 = 34$

$34 + 1 = \boxed{}$

$93 - 77 = \boxed{}$

$93 - 70 = 23$

$23 - 7 = \boxed{}$

$35 - 27 = \boxed{}$

$35 - 7 = 28$

$28 - 20 = \boxed{}$

2 Löse die Aufgaben wie Tim, Lea oder Mai-Lin.
Zeichne und schreibe den Rechenweg auf.

a) **wie Tim:** $54 - 38 = \boxed{}$

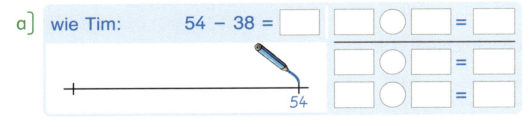

$\boxed{} \bigcirc \boxed{} = \boxed{}$

$\boxed{} \bigcirc \boxed{} = \boxed{}$

$\boxed{} \bigcirc \boxed{} = \boxed{}$

Wie rechnest du am liebsten?

b) **wie Lea:** $94 - 36 = \boxed{}$

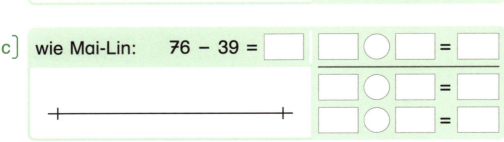

$\boxed{} \bigcirc \boxed{} = \boxed{}$

$\boxed{} \bigcirc \boxed{} = \boxed{}$

$\boxed{} \bigcirc \boxed{} = \boxed{}$

c) **wie Mai-Lin:** $76 - 39 = \boxed{}$

$\boxed{} \bigcirc \boxed{} = \boxed{}$

$\boxed{} \bigcirc \boxed{} = \boxed{}$

$\boxed{} \bigcirc \boxed{} = \boxed{}$

★ beschriebene Rechenschritte den Darstellungen am Rechenstrich und der halbschriftlichen Notationsform zuordnen
★ vorgegebene Rechenschritte beim Lösen von Aufgaben anwenden und darstellen

1 Löse die Aufgaben in deinem Heft.
Stelle deine Rechenschritte
am Rechenstrich dar oder schreibe sie auf.

a) $32 - 17 =$ ☐
   $53 - 25 =$ ☐
   $71 - 36 =$ ☐
   $45 - 28 =$ ☐

b) $72 - 28 =$ ☐
   $53 - 17 =$ ☐
   $45 - 36 =$ ☐
   $94 - 48 =$ ☐

c) $64 - 35 =$ ☐
   $82 - 44 =$ ☐
   $93 - 25 =$ ☐
   $65 - 29 =$ ☐

Seite 23 Aufgabe 1
a)   ...

2 Löse die Aufgaben. Rechne mit deinen Rechenschritten im Kopf.
Die Lösungszahlen findest du in den Sternen.

a) $63 - 37 = \boxed{26}$
   $45 - 28 = $ ☐
   $72 - 36 = $ ☐
   $85 - 47 = $ ☐

b) $64 - 18 = $ ☐
   $83 - 35 = $ ☐
   $72 - 29 = $ ☐
   $33 - 25 = $ ☐

c) $43 - 29 = $ ☐
   $67 - 48 = $ ☐
   $44 - 16 = $ ☐
   $76 - 37 = $ ☐

⭐ 8 ⭐ 14 ⭐ 17 ⭐ 19 ⭐ ~~26~~ ⭐ 28 ⭐ 36 ⭐ 38 ⭐ 39 ⭐ 43 ⭐ 46 ⭐ 48

3 Kontrolliere die Aufgaben. Verbessere die Fehler.
Tipp: In jedem Päckchen sind zwei Aufgaben sind falsch.

a) $43 - 18 = 25$ ✓
   $31 - 17 = \sout{15}$ 14 ___
   $66 - 38 = 29$ ___
   $94 - 68 = 26$ ___

b) $81 - 25 = 66$ ___
   $73 - 35 = 38$ ___
   $55 - 36 = 29$ ___
   $64 - 36 = 28$ ___

c) $35 - 18 = 23$ ___
   $62 - 26 = 36$ ___
   $94 - 47 = 47$ ___
   $53 - 39 = 26$ ___

4 Du findest in den Aufgaben 3 a), 3 b) und 3 c) jeweils gleiche Fehler.
Schreibe auf, was falsch gemacht wurde.

_____
_____
_____

★ Aufgaben mit dem eigenen Rechenweg lösen, Rechenschritte
am Rechenstrich einzeichnen oder notieren, Aufgaben im Kopf lösen
★ MK/SF: Fehler in Aufgaben finden und kategorisieren

D 64   ÜH 54   AH 54   **23**

1 Suche dir ein anderes Kind.
Vergleicht Gegenstände aus dem Klassenzimmer nach ihrer Länge.

Der Radiergummi ist kürzer als der Bleistift.

Die Tafel ist länger als der Tisch.

2 Sucht Gegenstände, die fast gleich lang sind.
Legt sie zum Vergleichen nebeneinander.
Schreibt Längenvergleiche auf.

Seite 24 Aufgabe 2

a) ...

a) ▨ ist länger als ▨.

b) ▨ ist kürzer als ▨.

c) ▨ ist genauso lang wie ▨.

3 Manche Gegenstände könnt ihr zum Vergleichen
nicht nebeneinanderlegen. Dann hilft zum Beispiel
eine Schnur. Sucht solche Gegenstände und
vergleicht sie. Schreibt Längenvergleiche auf
wie in Aufgabe **2**.

Seite 24 Aufgabe 3

...

Der Tisch ist länger als das Regal.

★ Längenvergleiche bei Gegenständen im Klassenzimmer durchführen ★ Längenvergleiche
von Gegenständen durch Nebeneinanderlegen (direkter Vergleich) und mit Hilfsmitteln
(indirekter Vergleich) durchführen ★ SF: Längenvergleiche beschreiben und notieren

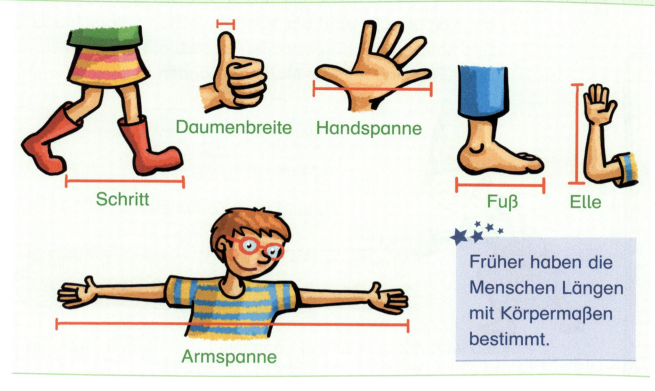

Daumenbreite   Handspanne   Fuß   Elle

Schritt

Armspanne

Früher haben die Menschen Längen mit Körpermaßen bestimmt.

1 Miss folgende Längen in den angegebenen Körpermaßen.

a) Schülertisch, lange Seite: ungefähr ⬚ Handspannen

b) Mathematikheft, kurze Seite: ungefähr ⬚ Daumenbreiten

c) aufgeklappte Tafel: ungefähr ⬚ Armspannen

d) Länge des Klassenzimmers: ungefähr ⬚ Schritte

e) Weg von der Tür bis zur Tafel: ungefähr ⬚ Fuß

f) Lehrertisch, lange Seite: ungefähr ⬚ Ellen

2 Vergleiche deine Ergebnisse von Aufgabe 1 mit denen eines anderen Kindes. Bei welchen Messungen gibt es große Unterschiede? Bei welchen Messungen sind die Ergebnisse fast gleich? Sucht Begründungen.

3 Überlege gemeinsam mit einem anderen Kind, ob es möglich ist, dass alle Kinder deiner Klasse auf einem Schülertisch ihre Daumen nebeneinanderlegen. Sammelt die nötigen Informationen. Schreibt die Informationen, die Rechenschritte und die Antwort auf.

Seite 25 Aufgabe 3 ...

★ SF: Körpermaße kennenlernen ★ mit Körpermaßen messen ★ SF: Messergebnisse vergleichen und Begründungen für Unterschiede finden ★ Vorgehensweisen beim Lösen einer Sachaufgabe entwickeln, notieren und auf Plausibilität prüfen

Die Körpermaße sind bei allen Menschen unterschiedlich.
Das Messen mit Körpermaßen ist deshalb ungenau.
Seit 1795 sind genaue Maße für Längen festgelegt.

*Der Zentimeter ist eine wichtige Längeneinheit. Die Abkürzung für **1 Zentimeter** ist **1cm**.*

So lang ist 1 Zentimeter:

1 cm   1 cm

So wird mit dem Lineal gemessen: Der Stab ist 9 cm lang.

Du musst genau bei der 0 anlegen.

1 | Miss mit einem Lineal und schreibe die Ergebnisse auf.

Heft:	___ cm	Farbkasten:	___ cm
Bleistift:	___ cm	Einstern-Heft:	___ cm
Handspanne:	___ cm	Daumenbreite:	___ cm
Fußlänge:	___ cm	Elle:	___ cm
_____	___ cm	_____	___ cm

2 | Miss die Längen der Nägel und schreibe sie auf.

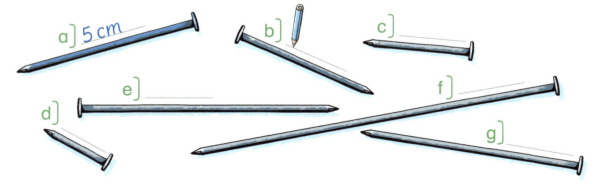

a) 5 cm   b) ___   c) ___
e) ___   f) ___
d) ___   g) ___

✶ Begründungen für die Notwendigkeit standardisierter Maßeinheiten nachvollziehen ✶ SF: „cm" als standardisierte Maßeinheit kennenlernen und verwenden ✶ MK: das Lineal als Messinstrument sachgerecht nutzen ✶ mit dem Lineal Längen messen und Messergebnisse notieren

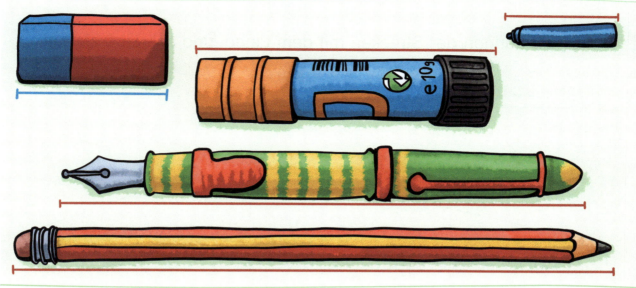

1 So lang sind Dinge im Mäppchen.

a] Miss die Längen der Gegenstände oben.
Schreibe deine Ergebnisse in die blaue Tabellenspalte.

b] Miss auch die Längen deiner eigenen Gegenstände.
Schreibe deine Ergebnisse in die rote Tabellenspalte.

c] Vergleiche, ob dein Gegenstand länger oder kürzer ist als
auf dem Bild. Trage deine Ergebnisse in die Tabelle ein.

Mein Radiergummi ist 5 cm lang. Mein Gegenstand ist länger.

Gegenstand	auf dem Bild	bei mir	mein Gegenstand ist …
Radiergummi	4 cm		
Kleber			
Patrone			
Füller			
Bleistift			

2 Zeichne mithilfe des Lineals deinen Bleistift und deinen Radiergummi
in der richtigen Länge.

1 Miss die Längen der Strecken mit dem Lineal und schreibe sie auf.

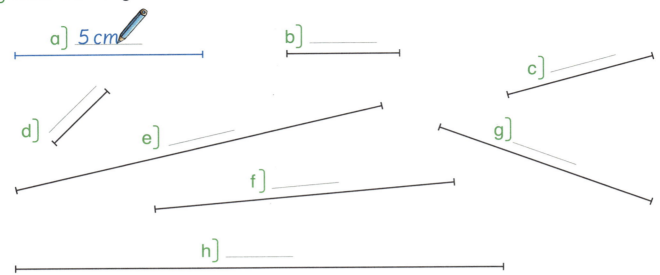

a] _5 cm_

b] _____

c] _____

d] _____

e] _____

f] _____

g] _____

h] _____

i] Suche dir ein anderes Kind. Vergleicht eure Ergebnisse.
Wenn ihr unterschiedliche Ergebnisse habt, messt neu.

2 Zeichne Strecken mit den folgenden Längen.

a] 2 cm ⊢————⊣

b] 7 cm

c] 3 cm

d] 11 cm

e] 9 cm

f] 15 cm

g] 8 cm

h] Bitte ein anderes Kind, deine Zeichnungen zu prüfen.

★ die Längen von Strecken messen
★ Strecken in vorgegebener Länge zeichnen

1. Betrachte die zusammengesetzten Strecken.

a) Schätze, welche der Figuren die größte Länge hat.

b) Schätze die Länge jeder Figur. Miss anschließend
   die Längen aller Teilstrecken und berechne jeweils die Gesamtlänge.

Figur	geschätzt	gemessen und gerechnet
A	15 cm	3 cm + 2 cm + 2 cm + 2 cm + 3 cm = 12 cm
B		
C		
D		
E		
F		
G		

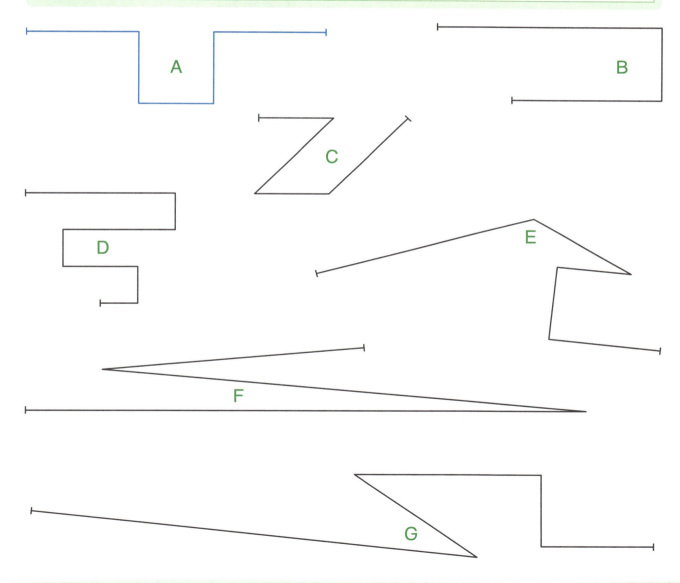

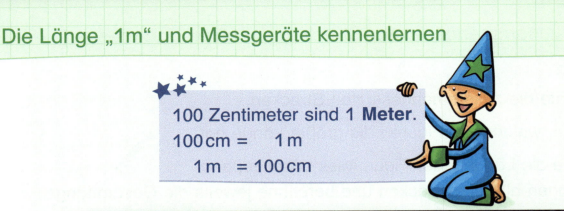

100 Zentimeter sind 1 **Meter**.

$$100\,cm = 1\,m$$
$$1\,m = 100\,cm$$

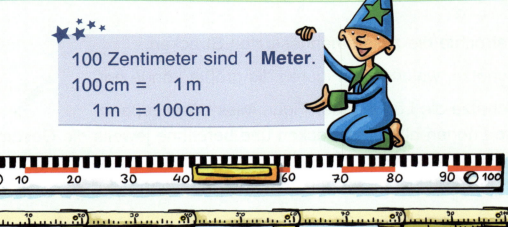

1 Es gibt verschiedene Messinstrumente zum Messen von Längen.

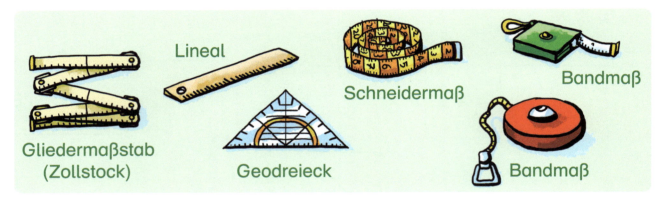

Lineal

Schneidermaß

Bandmaß

Gliedermaßstab
(Zollstock)

Geodreieck

Bandmaß

a Bringe einige Messinstrumente von zu Hause mit und zeige einem anderen Kind, wie man damit misst.

b Besprecht, wann man welches Messgerät verwendet.

2 Stelle aus Papierstreifen dein eigenes Meterband her.

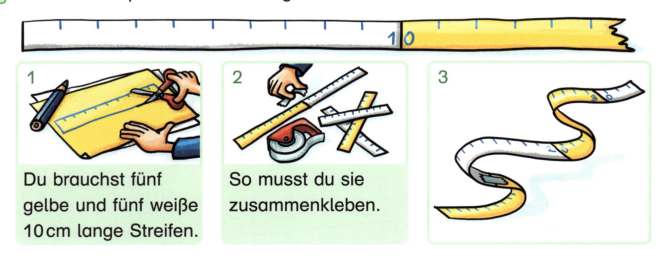

1 Du brauchst fünf gelbe und fünf weiße 10 cm lange Streifen.

2 So musst du sie zusammenkleben.

3

★ SF: „m" als standardisierte Maßeinheit kennenlernen ★ SF/MK: verschiedene Messinstrumente, ihre Anwendungsbereiche und den jeweils sachgerechten Umgang kennenlernen und beschreiben ★ MK: aus einem Papierstreifen ein Meterband herstellen

1 Suche dir drei andere Kinder.
Betrachtet zuerst das Bild ganz genau und überlegt,
was man beim Messen der Körpergröße alles beachten muss
(die Schuhe, den Zollstock, wie das Buch auf den Kopf gehalten wird, …).

2 Messt und vergleicht eure Körpergrößen.

a) Messt die Körpergröße von jedem Kind
in m und cm.
Schreibt die Messergebnisse auf.

b) Schreibt die Kinder nach Größe geordnet auf.
Beginnt mit dem kleinsten Kind.

c) Schreibt mehrere Größenvergleiche auf.

Seite 31 Aufgabe 2

a) ... :   ... m ... cm

⋮

b) ..., ..., ..., ...

c) ... ist ... cm kleiner als ...

... ist ... cm größer als ...

⋮

★ Körpergröße von Kindern in „m" und „cm" sachgerecht messen, notieren und vergleichen
★ SF: Vergleiche notieren

Die Tafel ist 1m breit.

Das Heft ist 30 cm lang.

Wenn wir die Länge von einigen Gegenständen kennen, hilft uns das beim Schätzen.

1 Suche Gegenstände oder eigene Körpermaße, die ungefähr folgende Längen haben.

a) 1 cm b) 10 cm c) 30 cm
d) 50 cm e) 1 m f) 2 m

Seite 32 Aufgabe 1
a)   1 cm: Daumenbreite, ...
b) 1 0 cm: ...

2 Schätze und miss die Längen in deiner Umgebung.
Wähle das passende Messinstrument.

	geschätzt	gemessen
Tischlänge	1 m	
Tischbreite		
Tischhöhe		
Länge deines Mäppchens		
deine Schuhlänge		
Türbreite		
Fensterbreite		
Breite des Klassenzimmers		
Länge des Gangs		
Radiergummi		
Büroklammer		

★ zu verschiedenen vorgegebenen Längenangaben Repräsentanten finden und diese als Bezugsgrößen beim Schätzen nutzen
★ Längen von Gegenständen im Klassenzimmer schätzen und in „m" und „cm" messen

1 Entscheide, ob die Aussage stimmt, und kreuze an.

	stimmt	stimmt nicht
Ein Auto ist länger als 10 m.	○	✕
Mein Mäppchen ist länger als 10 cm.	○	○
Unser Klassenzimmer ist 5 m hoch.	○	○
Mein Bleistift ist kürzer als 30 cm.	○	○
Meine Schritte sind länger als 1 m.	○	○
Mein Füller ist länger als 10 cm.	○	○

2 Setze m oder cm passend ein.

a) Die Klassenzimmertür
ist ungefähr 1 _m_ breit.

b) Mein Stuhl
ist ungefähr 45 ____ hoch.

c) Das Plakat an der Wand
ist 72 ____ hoch und 56 ____ breit.

d) Das Buch
ist ungefähr 3 ____ dick.

e) Der Baum
ist ungefähr 20 ____ hoch.

f) Der Schreibtisch
ist 1 ____ 20 ____ lang.

3 Ordne die Längenangaben zu und trage ein.

4 m   1 m   10 m   100 m   8 cm   30 cm   1 cm   12 cm

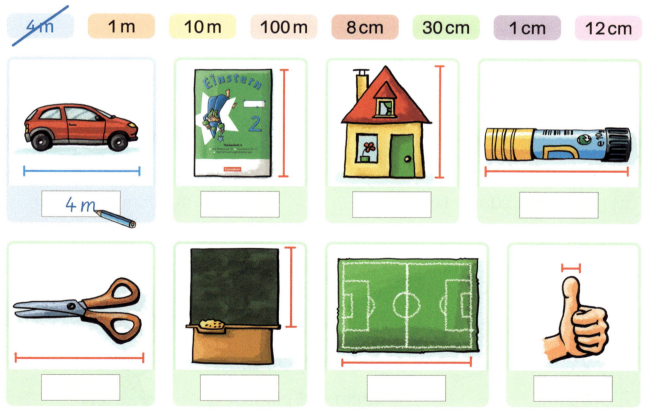

4 m

★ verschiedene Längenangaben auf Plausibilität prüfen
★ Längenangaben die Maßeinheiten „m" und „cm" passend zuordnen
★ Längenangaben in „m" und „cm" passend zuordnen

 ÜH 56   AH 55 **33**

1 Ordne die Längenangaben. Beginne mit der größten Länge.

a)

35 cm	12 cm	58 cm	27 cm	~~85 cm~~

85 cm >

b)

1 m 6 cm	1 m 60 cm	1 m 85 cm	1 m 38 cm	1 m 54 cm

c)

3 cm	1 m 30 cm	34 cm	2 m	1 m 4 cm

2 Löse die Aufgaben.

a) 65 cm + 23 cm = ☐ cm

18 cm + 45 cm = ☐ cm

54 cm + 27 cm = ☐ cm

b) 98 cm − 36 cm = ☐ cm

82 cm − 24 cm = ☐ cm

45 cm − 18 cm = ☐ cm

3 Berechne den Längenunterschied.

a) 80 cm, 65 cm
80 cm − 65 cm = 15 cm

25 cm, 70 cm

b) 15 m, 30 m

100 m, 75 m

c) 1 m 20 cm, 1 m 35 cm

1 m 50 cm, 1 m 25 cm

4 Ergänze zu einem Meter.

a) *45 cm + 55 cm*

52 cm +

14 cm +

b) 35 cm + 12 cm +

63 cm + 20 cm +

40 cm + 25 cm +

Beachte:
1 m = 100 cm

✶ Längenangaben nach der Größe ordnen ✶ mit Längenangaben rechnen
✶ Längenunterschiede bestimmen
✶ zu einem Meter ergänzen

3 Ergebnisse beim Weitwurf bestimmen

1 Bestimme die Ergebnisse beim Weitwurf.

a Lies die Weiten für den 1. Wurf aus der Zeichnung ab.
Trage sie in die Tabelle ein.

Name	1. Wurf	2. Wurf
Mai-Lin	5 m	
Anne		

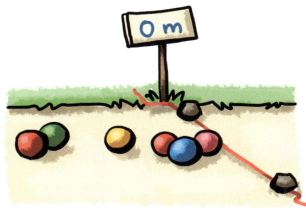

b Beim 2. Wurf haben die Kinder andere Ergebnisse erzielt:

Mai-Lin: 4 m mehr   Anne: 1 m mehr   Janek: 2 m weniger
Patrick: 3 m mehr   Lisa: 2 m weniger

Berechne die Weite für den 2. Wurf. Trage sie in die Tabelle ein.

c Die Kinder zählen immer die Weiten des 1. und des 2. Wurfs zusammen.
Das Kind mit der größten Weite bekommt den 1. Platz.
Bestimme, wer 1., 2., 3., 4. und 5. wird. Trage ein.

Name	Weite zusammen	Platz
Mai-Lin	14 m	
Anne		
Janek		
Patrick		
Lisa		

★ Weitwurfergebnisse ablesen sowie rechnerisch ermitteln und in einer Tabelle notieren
★ Gesamtergebnisse ermitteln und Platzierungen ableiten

 D 67

 AH 56   **35**

1 Schreibe zu jeder Rechengeschichte eine Rechnung und eine Antwort.
Die Skizzen helfen dir.

a) Lea und Tim laufen vom Baum aus in entgegengesetzte Richtungen.
Nach 5 Sekunden ist Tim 32 m und Lea 27 m gelaufen.
Wie weit sind die beiden voneinander entfernt?

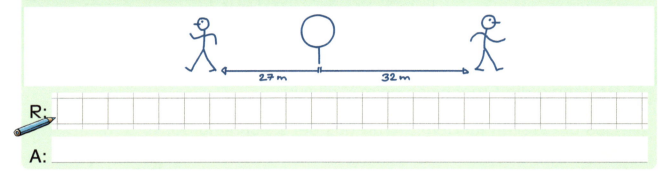

R: _____

A: _____

b) An einer Straße stehen Bäume.
Der Abstand zwischen den Bäumen ist immer 10 m.
Wie weit stehen der zweite und der sechste Baum auseinander?

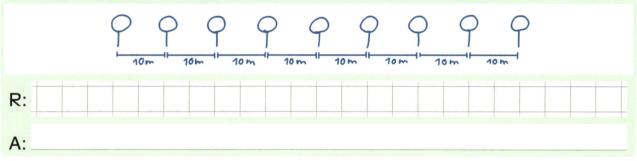

R: _____

A: _____

2 Zeichne zu jeder Rechengeschichte eine Skizze.
Schreibe dann die Rechnung und die Antwort auf.

a) Tim und Lea stehen 50 m weit auseinander.
Sie laufen aufeinander zu. Lea ist 20 m
weit gelaufen, Tim 15 m.
Wie weit sind die beiden
jetzt voneinander entfernt?

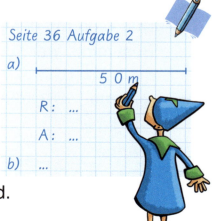

Seite 36 Aufgabe 2
a)
                    5 0 m
    R: ...
    A: ...
b) ...

b) Ein Gärtner pflanzt Erdbeerpflanzen in eine Reihe.
Zwischen zwei Pflanzen lässt er immer 20 cm Abstand.
Wie groß ist der Abstand zwischen der ersten
und der fünften Pflanze?

★ Sachaufgaben zu Längenangaben mithilfe von Skizzen lösen,
in passende Rechenaufgaben übertragen und Antwortsätze formulieren
★ zu vorgegebenen Sachaufgaben eine Skizze zeichnen

Ich kontrolliere mit der **Umkehraufgabe.**

26 + 28 = 54, denn 54 − 28 = 26

62 − 25 = 37, denn 37 + 25 = 62

1 Schreibe die Plusaufgaben mit Ergebnis und die passenden Umkehraufgaben auf.

a]
$$45 \xrightarrow{+37} \atop \xleftarrow{-37} 82$$

4	5	+	3	7	=	8	2

8	2	−	3	7	=	4	5

b]
$$18 \xrightarrow{+54} \atop \xleftarrow{-54} \ \square$$

c]
$$27 \xrightarrow{+26} \atop \xleftarrow{-26} \ \square$$

2 Schreibe die Minusaufgaben mit Ergebnis und die passenden Umkehraufgaben auf.

a]
$$65 \xrightarrow{-17} \atop \xleftarrow{+17} 48$$

6	5	−	1	7	=	4	8

4	8	+	1	7	=	6	5

b]
$$46 \xrightarrow{-29} \atop \xleftarrow{+29} \ \square$$

c]
$$52 \xrightarrow{-36} \atop \xleftarrow{+36} \ \square$$

3 Löse die Aufgaben. Kontrolliere die Ergebnisse mit der Umkehraufgabe.

a] 45 + 28 = 73 , denn 73 − 28 = 45   b] 56 − 38 = 18 , denn 18 + 38 = 56

36 + 25 = ___ , denn _____   72 − 26 = ___ , denn _____

48 + 24 = ___ , denn _____   64 − 17 = ___ , denn _____

24 + 37 = ___ , denn _____   91 − 53 = ___ , denn _____

57 + 28 = ___ , denn _____   74 − 28 = ___ , denn _____

★ Aufgaben und Umkehraufgaben ablesen und lösen
★ Plus- und Minusaufgaben lösen und Ergebnisse mithilfe der Umkehraufgabe kontrollieren

37

> Mit Zehnerzahlen kann ich schnell rechnen. Das hilft mir, wenn ich ein Ergebnis ungefähr ausrechnen oder überprüfen will.

Genaue Rechnung: 37 + 24 = 61
Überschlagsrechnung: 40 + 20 = 60

Die Rechnung mit Nachbarzehnern heißt **Überschlagsrechnung**.

Für die Überschlagsrechnung sucht man für jede Zahl den nächstliegenden Nachbarzehner. Das nennt man **Zahlen runden**.

Hat eine Zahl 5 Einer, liegt sie genau zwischen zwei Zehnerzahlen. Dann nimmt man den größeren Nachbarzehner.

1 Finde für die Zahlen den Nachbarzehner, den man bei der Überschlagsrechnung verwendet.

a) $62 \longrightarrow \boxed{60}$ b) $33 \longrightarrow \square$ c) $24 \longrightarrow \square$ d) $55 \longrightarrow \square$

$67 \longrightarrow \square$ $45 \longrightarrow \square$ $65 \longrightarrow \square$ $21 \longrightarrow \square$

$69 \longrightarrow \square$ $74 \longrightarrow \square$ $96 \longrightarrow \square$ $63 \longrightarrow \square$

$64 \longrightarrow \square$ $12 \longrightarrow \square$ $7 \longrightarrow \square$ $86 \longrightarrow \square$

2 Runde die Zahlen und schreibe die Überschlagsrechnung auf.

a) $33 + 29 = 62$
$3\ 0 + 3\ 0 = 6\ 0$

b) $19 + 23 = 42$

c) $28 + 28 = 56$

d) $47 - 28 = 19$

e) $76 - 48 = 28$

f) $81 - 42 = 39$

g) $47 + 44 = 91$

h) $35 - 26 = 9$

i) $32 + 48 = 80$

★ SF: Begriffe „Überschlagsrechnung" und „Zahlen runden" kennenlernen und verwenden
★ Rundungsregeln kennenlernen und anwenden
★ Zahlen runden und Überschlagsrechnungen erstellen

Überschlag:
40 + 30 = 70

Ja, mein Ergebnis
71 kann stimmen.

38+33=71

1 Finde die Überschlagsrechnungen und schreibe sie auf.
Prüfe, ob die Ergebnisse der Aufgaben richtig sein können.

a)
57 + 24 = 81

6 0 + 2 0 = 8 0

81 kann richtig sein

b)
72 + 19 = 91

c)
29 + 53 = 72

d)
92 – 28 = 64

e)
68 – 32 = 26

f)
81 – 28 = 53

2 Löse die Aufgaben. Überprüfe mit der Überschlagsrechnung,
ob dein Ergebnis stimmen kann.

a)
64 + 29 = 93

6 0 + 3 0 = 9 0

93 kann richtig sein

b)
38 + 13 =

c)
58 + 24 =

d)
93 – 39 =

e)
51 – 24 =

f)
82 – 23 =

3 Rechne die Überschlagsrechnung im Kopf. Stelle so schnell fest,
zu welchem Ergebnisstern die Aufgabe gehört. Verbinde.

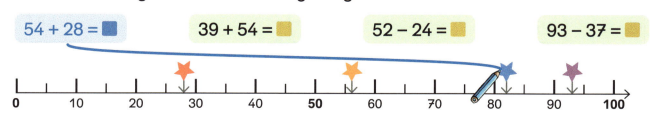

54 + 28 = �

39 + 54 =

52 – 24 =

93 – 37 =

0   10   20   30   40   50   60   70   80   90   100

★ mithilfe der Überschlagsrechnung Ergebnisse überprüfen
★ ungefähre Größenordnung von Ergebnissen angeben

 ÜH 57   AH 57   **39**

1 Löse die Aufgaben.
Du kannst deine Rechenschritte aufschreiben.

a) 27 + 34 = ▢
55 + 28 = ▢
19 + 56 = ▢
68 + 13 = ▢

b) 46 + 45 = ▢
34 + 59 = ▢
63 + 28 = ▢
28 + 47 = ▢

c) 83 − 37 = ▢
51 − 24 = ▢
75 − 59 = ▢
92 − 36 = ▢

d) 44 − 18 = ▢
96 − 67 = ▢
62 − 26 = ▢
73 − 45 = ▢

Seite 40 Aufgabe 1
a) ...

2 Rechne in Tabellen.

a)
+	43	24	18	36	57
27					
38					

b)
−	47	39	65	56	28
92					
84					

c)
+	28	16			27
46			65		
59				84	

d)
−	36		57		45
63				34	
75		57			

3 Löse die Zahlenmauern.

a)

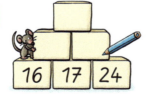
| 16 | 17 | 24 |

b)
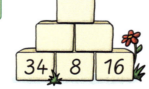
| 34 | 8 | 16 |

c)

| 27 | 18 | 23 |

d)

95
37
19

e)
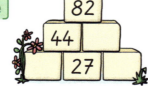
82
44
27

f)
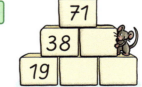
71
38
19

★ Plus- und Minusaufgaben lösen
★ Aufgaben in Rechentabellen lösen
★ Zahlenmauern ergänzen

4 Löse die Aufgabenreihen mit Plusaufgaben. Setze die Reihen fort.

a)
16 + 18 = 34
26 + 18 = ☐
36 + 18 = ☐
46 + ☐ = ☐
☐ + ☐ = ☐

b)
27 + 33 = ☐
27 + 34 = ☐
27 + 35 = ☐
☐ + ☐ = ☐
☐ + ☐ = ☐

c)
12 + 29 = ☐
13 + 28 = ☐
14 + 27 = ☐
☐ + ☐ = ☐
☐ + ☐ = ☐

5 Löse die Aufgabenreihen mit Minusaufgaben. Setze die Reihen fort.

a)
93 − 77 = 16
83 − 67 = ☐
73 − 57 = ☐
63 − ☐ = ☐
☐ − ☐ = ☐

b)
71 − 29 = ☐
72 − 29 = ☐
73 − 29 = ☐
☐ − ☐ = ☐
☐ − ☐ = ☐

c)
86 − 23 = ☐
86 − 33 = ☐
86 − 43 = ☐
☐ − ☐ = ☐
☐ − ☐ = ☐

6 Erkläre einem anderen Kind, wie sich in den einzelnen Reihen bei Aufgabe **4** und **5** die Zahlen und Ergebnisse verändern.

7 Verbinde passend. Die Überschlagsrechnung kann dir helfen.

35 + 18   84 − 26   92 − 18

49 + 45   27 + 29   46 + 29

53 − 36   16 + 17   75 − 38

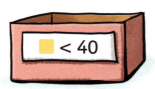

☐ < 40

50 < ☐ < 60

70 < ☐

★ **MK:** Muster von Aufgabenreihen mit Plus- und Minusaufgaben erkennen
und fortsetzen ★ **SF:** Aufgabenmuster beschreiben
★ Aufgaben nach Vorgabe passend zuordnen, Überschlagsrechnung nutzen

41

1 Finde zu drei Zahlen zwei Plusaufgaben und zwei Minusaufgaben.
Schreibe sie auf.

a)

| 89 | 75 | 14 |

75 + 14 = ☐
14 + 75 = ☐
89 − 14 = ☐
89 − ☐ =

b)

| 28 | 52 | 24 |

☐ + ☐ = ☐
☐ + ☐ = ☐
☐ − ☐ = ☐
☐ − ☐ = ☐

c)

| 63 | 8 | ☐ |

☐ + ☐ = ☐
☐ + ☐ = ☐
☐ − ☐ = ☐
☐ − ☐ = ☐

2 Löse die Aufgaben.

a)
35 + 48 = 83
44 + 47 = ☐
53 + 39 = ☐
28 + 26 = ☐

b)
93 − 46 = ☐
84 − 57 = ☐
76 − 38 = ☐
61 − 42 = ☐

c)
47 + 36 = ☐
82 − 57 = ☐
54 − 45 = ☐
35 + 28 = ☐

3 Ordne Aufgabe und Ergebnis zu.

a)
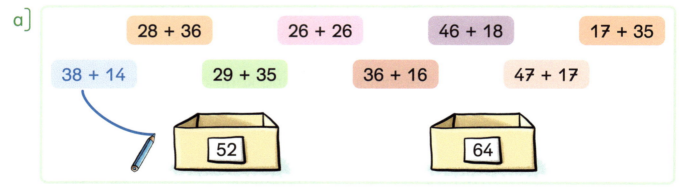

28 + 36   26 + 26   46 + 18   17 + 35

38 + 14   29 + 35   36 + 16   47 + 17

52   64

b)
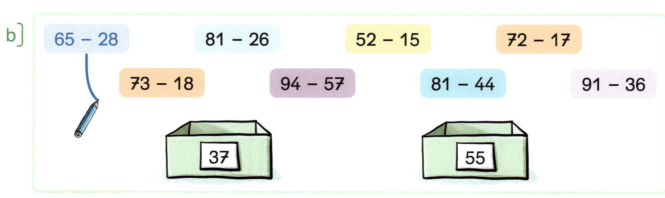

65 − 28   81 − 26   52 − 15   72 − 17

73 − 18   94 − 57   81 − 44   91 − 36

37   55

★ Aufgabenfamilien bilden, ggf. fehlende Zahl bestimmen
★ Plus- und Minusaufgaben lösen
★ Plus- und Minusaufgaben lösen, dem richtigen Ergebnis zuordnen

4 Geschickt rechnen mit drei und vier Zahlen

1 Vereinfache die Rechnung. Markiere die Zahlen, die du zusammenfassen kannst. Schreibe die vereinfachte Rechnung auf.

a) $53 + 29 + 11 = \boxed{93}$ $53 + 40 = 93$

$25 + 37 + 5 = \boxed{}$ _____

$48 + 12 + 24 = \boxed{}$ _____

$35 + 23 + 17 = \boxed{}$ _____

$34 + 13 + 16 = \boxed{}$ _____

b) $57 - 15 - 27 = \boxed{15}$ $30 - 15 = 15$

$63 - 28 - 13 = \boxed{}$ _____

$78 - 13 - 18 = \boxed{}$ _____

$94 - 24 - 35 = \boxed{}$ _____

$91 - 46 - 31 = \boxed{}$ _____

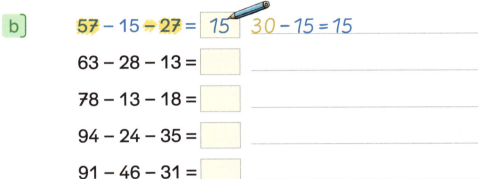

> Plus- und Minusaufgaben mit Zehnerzahlen sind einfach.

2 Vereinfache die Rechnung. Markiere die Zahlen, die du zusammenfassen kannst. Schreibe die vereinfachte Rechnung auf.

a) $8 + 33 + 2 + 17 = \boxed{60}$ $10 + 50 = 60$

$14 + 5 + 15 + 26 = \boxed{}$ _____

$38 + 12 + 13 + 17 = \boxed{}$ _____

$37 + 9 + 13 + 1 = \boxed{}$ _____

$35 + 25 + 15 + 15 = \boxed{}$ _____

b) $86 - 28 - 12 - 16 = \boxed{30}$ $70 - 40 = 30$

$65 - 15 - 13 - 17 = \boxed{}$ _____

$71 - 26 - 11 - 24 = \boxed{}$ _____

$59 - 23 - 17 - 19 = \boxed{}$ _____

$78 - 18 - 25 - 15 = \boxed{}$ _____

★ Kettenaufgaben durch Zusammenfassen vereinfachen
★ zusammengefasste Aufgabenteile markieren

1 Löse die Aufgaben. Setze <, > oder = passend ein.

a) 48 + 14 ⟨ < ⟩ 68

59 + 28 ◯ 87

27 + 29 ◯ 53

b) 74 − 26 ◯ 50

82 − 37 ◯ 43

61 − 29 ◯ 32

c) 27 + 68 ◯ 93

43 − 24 ◯ 18

17 + 57 ◯ 74

2 Löse die Aufgaben. Trage passende Zahlen ein.

a) 39 + 39 > │ 70 │

68 + 16 = │   │

44 + 28 < │   │

b) 42 − 26 < │   │

54 − 38 > │   │

63 − 25 = │   │

c) 38 + 27 < │   │

75 − 47 = │   │

24 + 36 > │   │

3 Löse die Aufgaben. Schreibe alle passenden Zahlen auf.

a) 86 + ■ < 95 _0, 1, 2, 3,_ _____

b) 38 + ■ < 46 _____

c) 94 − ■ > 86 _____

d) 75 − ■ > 67 _____

4 Löse die Aufgaben. Setze <, > oder = passend ein.

a) 25 + 16 ◯ 37 + 15

47 + 25 ◯ 38 + 36

b) 44 − 27 ◯ 36 − 19

94 − 36 ◯ 74 − 28

c) 39 + 26 ◯ 21 + 44

55 − 28 ◯ 92 − 68

5 Trage passende Zahlen ein.

a) 54 + 18 > │   │ + 15

29 + 47 < 36 + │   │

23 + 39 < │   │ + │   │

b) 94 − 36 > │   │ − 15

73 − 25 = 96 − │   │

81 − 12 > │   │ − │   │

★ Aufgaben lösen und Relationszeichen passend einsetzen
★ in vorgegebenen Ungleichungen passende Zahlen einsetzen
★ alle möglichen Zahlen finden, die eine Ungleichung erfüllen

1 Kreise alle geraden Zahlen grün und alle ungeraden Zahlen gelb ein.

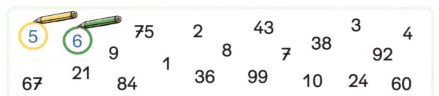

Betrachte die Einer.

2 Löse die Aufgaben.

a] $36 + 12 = 48$

$27 + 45 = $

$68 + 23 = $

$47 + 28 = $

b] $55 - 24 = $

$72 - 36 = $

$63 - 17 = $

$84 - 25 = $

c] $65 + 27 = $

$38 + 46 = $

$83 - 37 = $

$72 - 24 = $

3 Ergänze die Sätze: Wenn bei Plus- und Minusaufgaben …

… beide Zahlen gerade sind, ist das Ergebnis _____.

… beide Zahlen ungerade sind, ist das Ergebnis _____.

… eine Zahl gerade und eine Zahl
ungerade ist, ist das Ergebnis _____.

4 Stelle ohne zu rechnen fest, ob das Ergebnis gerade oder ungerade ist.
Markiere das Ergebnissternchen in der passenden Farbe.

a] $27 + 35 = $

$26 + 48 = $

$37 + 54 = $

$58 + 23 = $

b] $81 - 36 = $

$72 - 48 = $

$93 - 75 = $

$84 - 37 = $

c] $28 + 45 = $

$57 + 39 = $

$83 - 28 = $

$64 - 26 = $

5 Stelle ohne auszufüllen fest, ob die Zahlen in den Zielsteinen
gerade oder ungerade sind. Markiere sie gelb oder grün.

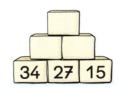

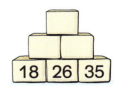

★ gerade und ungerade Zahlen kennzeichnen, auch in Plus- und Minusaufgaben
★ Einfluss von geraden und ungeraden Zahlen auf das Ergebnis von Plus- und
Minusaufgaben erkennen

1 Schreibe zu jedem Zahlenrätsel die passende Rechnung mit Lösung auf.
Die richtigen Ergebnisse findest du in den Sternen.

a) Meine Zahl ist
das Doppelte von 16.

| 1 | 6 | + | 1 | 6 | = | 3 | 2 |

b) Meine Zahl ist
um 15 kleiner als 7̶3.

58

3̶2̶

c) Meine Zahl ist
um 16 größer als 58.

d) Meine Zahl ist der
Unterschied von 39 und 26.

13

24

e) Meine Zahl erhältst du,
wenn du den Unterschied
von 36 und 24 verdoppelst.

f) Meine Zahl erhältst du,
wenn du den Unterschied
von 44 und 26 halbierst.

7̶4̶

9

2 Einstern hat die Zahlen 1, 2, 3, 4 und 5
in verschiedene Sterne verzaubert.

Finde mithilfe der Aufgaben heraus, welche
Zahl in welchen Stern verzaubert wurde.

★ Zahlenrätsel in Aufgaben übertragen und lösen
★ durch systematisches Probieren Zahlen für jeweils gleiche Platzhalter
in unterschiedlichen Aufgaben finden

Magische Quadrate

4	9	2
3	5	7
8	1	6

1	14	15	4
12	7	6	9
8	11	10	5
13	2	3	16

Magische Quadrate wurden vor einigen tausend Jahren in China und Indien entdeckt.

 1 Erforsche magische Quadrate.

Finde heraus, was das Besondere an den magischen Quadraten ist.
Du kannst dich mit anderen Kindern besprechen.

Tipp: Betrachte die Zeilen ▭, die Spalten ▯ und die Diagonalen ◹, ◿.

2 Ergänze fehlende Zahlen.

a)

9	14	7
	10	12
	6	

b)

24		27
	18	
		12

c)

4			1
	11	10	
	7	6	12
16	2		13

 3 Denke dir selbst magische Quadrate aus.
Stelle sie einem anderen Kind vor.

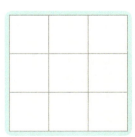

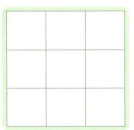
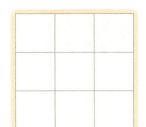

★ SF: Besonderheiten magischer Quadrate erkennen und beschreiben
★ fehlende Zahlen in magischen Quadraten finden
★ SF: selbst magische Quadrate erstellen und einem Partnerkind vorstellen

47

1 Ordne den Situationen ⊕ oder ⊖ zu.
Schreibe die passenden Handlungen auf.

a)

⊕ *geschenkt bekommen*

b)

c)

d)

e)

f)

★ bildlich dargestellten Handlungsabläufen die Rechenoperationen
„plus" und „minus" zuordnen, **SF:** passend beschreiben

5 In Rechengeschichten Plus- und Minusaufgaben erkennen

1 Ordne den Rechengeschichten ⊕ oder ⊖ zu.
Schreibe die Handlungen neben die Rechenzeichen.

a)
In der Gruppe arbeiten
8 Kinder. 3 Kinder kommen
noch dazu.

⊕ *dazukommen*

b)
Auf der Fensterbank stehen
7 Blumentöpfe. Leider gehen
3 Blumentöpfe kaputt.

◯ _____

c)
Im Regal stehen 30 Wörter-
bücher. 17 Kinder holen sich
je ein Wörterbuch.

◯ _____

d)
An der Wand hängen 26 Bilder.
Maja hängt noch 13 Bilder
dazu.

◯ _____

e)
Anne hat 56 Fußballsticker.
13 Sticker schenkt sie ihrer
Freundin.

◯ _____

f)
Max hat 36 Buntstifte.
12 Buntstifte leiht er seinem
Freund.

◯ _____

2 Stellt auf einem Plakat
Handlungen für Plus- und
Minusaufgaben zusammen.

Tipp: Betrachtet dazu
Beispiele in Aufgabe 1
und auf Seite 48.

3 Überlege dir
Rechengeschichten
zu Plus- und
Minusaufgaben.
Schreibe sie auf.

Ich hatte
71 Sammelkarten.
Davon habe ich
4 verschenkt.

Seite 49 Aufgabe 3
...

 ★ **SF:** in Rechengeschichten Verben als Signalwörter identifizieren und den Rechenoperationen
„plus" oder „minus" zuordnen ★ **SF/MK:** Signalwörter auf einem Plakat zusammenstellen
★ **SF:** selbst Rechengeschichten formulieren und aufschreiben

1 Finde zu den Rechengeschichten passende Mal- und Geteiltaufgaben.

a) Auf dem Sportplatz stehen 3 Gruppen mit jeweils 5 Kindern.

$$3 \cdot 5 = 15$$

b) 16 Kinder möchten Fußball spielen. Sie wählen 2 Mannschaften.

c) Janek holt Bälle aus der Turnhalle. Er geht 2-mal und holt immer 3 Bälle.

d) Beim Staffellauf möchten 24 Kinder mitlaufen. Immer 4 Kinder sind in einer Gruppe.

2 Überlege dir gemeinsam mit anderen Kindern Rechengeschichten zu Mal- und Geteiltaufgaben. Schreibt sie auf oder macht Fotos. Ergänzt Fragen, Rechnungen und Antworten. Prüft gemeinsam, ob Geschichte, Frage, Rechnung und Antwort jeweils zusammenpassen.

Seite 50 Aufgabe 2
G: ...
F: ...
R: ...
A: ...

Ich verteile 36 Bonbons an 4 Kinder.

★ zu vorgegebenen Rechengeschichten passende Mal- und Geteiltaufgaben finden
★ **SF:** gemeinsam mit anderen Kindern Rechengeschichten formulieren und aufschreiben, Fragen, Rechnungen und Antwortsätze ergänzen, auf Plausibilität prüfen

1 Ordne den Rechengeschichten ⊕ oder ⊖ zu.
Finde passende Plus- und Minusaufgaben.

a) Mai-Lin hat 28 Tierpostkarten.
Sie bekommt von Meral noch 13 geschenkt.

⊕ $28 + 13 = 41$

b) Tim hat 31 Tierpostkarten. Er schenkt Paul 5 davon.

c) Janek hat 21 Tierpostkarten. Ole hat 12 weniger.

d) Anne hat 15 Tierpostkarten mehr als Lea.
Lea hat 18 Tierpostkarten.

e) Maja hat ihre Tierpostkarten in zwei Brief-
umschläge verpackt. In einem Umschlag
sind 14 Postkarten, im anderen 22.

2 Ordne den Rechengeschichten ⊙ oder ⊙ zu.
Finde passende Mal- und Geteiltaufgaben.

a) Janek hat seine Postkarten sortiert.
Er hat 3 Stapel mit je 7 Postkarten.

· $3 \cdot 7 = 21$

b) Paul hat 8 Postkarten doppelt.
Diese verteilt er an 2 Freunde.

c) Tom hat 20 Tierpostkarten.
Er verpackt immer 5 in einen Briefumschlag.

d) Sofie klebt ihre Tierpostkarten in ein Heft ein.
Auf jede Seite klebt sie 4 Karten.
7 Seiten sind schon voll.

★ Rechengeschichten passende Rechenoperationen und Rechenaufgaben zuordnen

1 Ordne Rechengeschichte, Rechnung und Antwort passend zu.

Tim, Meral und Anne haben zusammen 27 Luftballons. Jeder hat gleich viele.

27 + 3 = ☐

Jeder hat ☐ Luftballons.
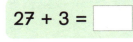

27 Kinder möchten beim Sackhüpfen mitmachen. 3 Kinder kommen noch dazu.

27 : 3 = 9

An jedem Tisch können ☐ Kinder basteln.

Die 27 Kinder können an 9 Tischen basteln.

27 : 9 = ☐

Jetzt möchten ☐ Kinder mitmachen.

Sofie hat den Kuchenstand mit 27 Luftballons geschmückt. 9 davon sind schon geplatzt.

3 · 9 = ☐

Es sind ☐ Kinder.

Für den Staffellauf werden die Kinder in 9 Gruppen aufgeteilt. In jeder Gruppe sind 3 Kinder.

9 · 3 = ☐

Es hängen noch ☐ Luftballons.

Janeks Mutter bringt 3 Kisten mit Getränken. In jeder Kiste sind 9 Flaschen.

27 − 9 = ☐

Sie bringt ☐ Flaschen mit.

★ Rechengeschichten jeweils passende Rechnung und Antwortsatz zuordnen

Auswertung Bundesjugendspiele der Klassen 1c und 2c

Mädchen				Jungen			
Alter	Teil-nehmer	Sieger-urkunde	Ehren-urkunde	Alter	Teil-nehmer	Sieger-urkunde	Ehren-urkunde
6 Jahre	5	2	2	6 Jahre	5	2	1
7 Jahre	12	4	8	7 Jahre	11	2	6
8 Jahre	6	3	2	8 Jahre	8	4	3
gesamt	23	9	12	gesamt	24	8	10

1 In den Tabellen findest du viele Informationen.
Finde die passenden Rechnungen und ergänze die Aussagen.
Die richtigen Lösungen findest du in den Sternen.

a Bei den Mädchen gab es
insgesamt ☐1 Siegerurkunde
mehr als bei den Jungen.

R: _9 – 8 = 1_

b Bei den Jungen gab es insgesamt
☐ Ehrenurkunden _____
als bei den Mädchen.

R: _____

c Insgesamt haben
☐ Kinder teilgenommen.

R: _____

d Bei den Mädchen gab es
insgesamt ☐ Urkunden.

R: _____

e Bei den 7-jährigen Mädchen
gab es _____
so viele Siegerurkunden
wie bei den 7-jährigen Jungen.

R: _____

f Bei den 8-jährigen Jungen
gab es _____
so viele Ehrenurkunden
wie bei den 7-jährigen Jungen.

R: _____

2 weniger

21

doppelt

halb

1 ~~mehr~~

47

★ **MK:** einer Tabelle aufgabenbezogen relevante Informationen entnehmen
★ zu vorgegebenen Aussagen passende Rechnungen finden, Aussagen ergänzen

53

1   Suche dir ein anderes Kind. Zeigt euch gegenseitig im Wechsel die Scheine und Münzen und nennt ihren Wert.

Das sind 50 Euro.

2   Schreibe zu den Scheinen den Wert in Worten und abgekürzt auf.

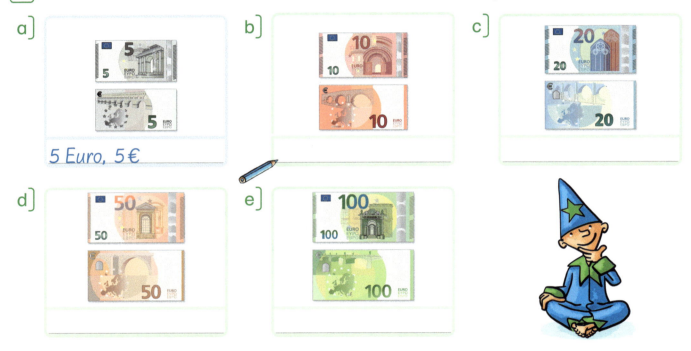

a) 5 Euro, 5 €

b)

c)

d)

e)

3   Schreibe zu den Münzen den Wert in Worten und abgekürzt auf.

a) 2 Euro, 2 €

b)

c)

d)

e)

f)

g)

h)

€
B

★ **SF:** Werte von Scheinen und Münzen in den Einheiten Euro und Cent ermitteln, benennen und notieren
★ Abkürzungen „€" und „ct" verwenden

1 Bestimme die Geldbeträge.

a)
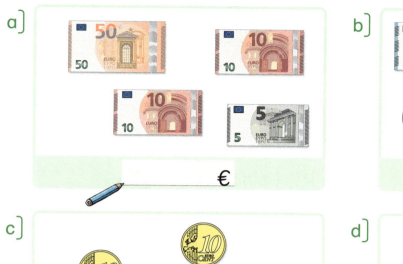

_____ €

b)

_____ €

c)
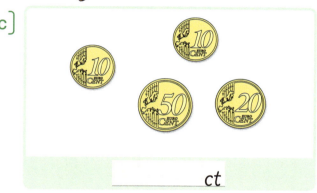

_____ ct

d)

_____ ct

2 Lege die Geldbeträge. Zeichne ein, wie du gelegt hast.

a)
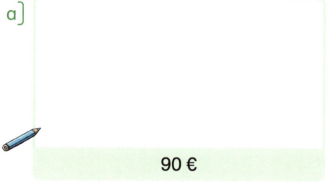

90 €

b)

73 €

c)
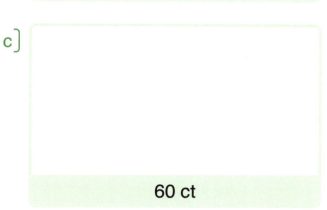

60 ct

d)
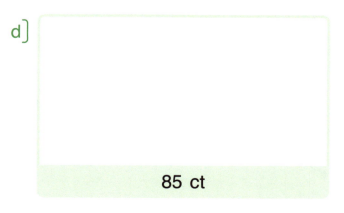

85 ct

★ den Wert der dargestellten Geldbeträge ermitteln
★ vorgegebene Geldbeträge zusammenstellen, legen und zeichnen

73 € 20 ct

Ich bestimme zuerst die Beträge in Euro und danach die Beträge in Cent.

1   Bestimme, wie viel Geld die Kinder in ihren Sparschweinen haben.

a) Anne

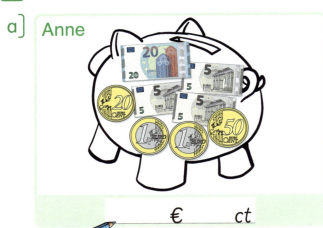

_____ € _____ ct

b) Patrick

_____ € _____ ct

c) Maja

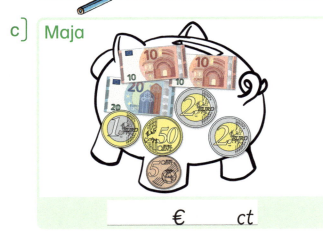

_____ € _____ ct

d) Ole

_____ € _____ ct

2   Betrachte die Geldbeträge in Aufgabe ①.

a) Vergleiche und ergänze die Sätze.

Am meisten Geld hat _____. Am wenigsten Geld hat _____.

Gleich viel Geld haben _____ und _____.

b) Ordne die verschiedenen Geldbeträge aus Aufgabe ①.

	>		>		

	<		<		

★ gemischte Geldbeträge in Euro und Cent ermitteln, notieren und vergleichen
★ Geldbeträge der Größe nach ordnen

1 Zeichne die Geldbeträge.

a)

20 €

5 €

50 €

2 €

77 €

b)

42 €

c)

64 € 25 ct

d)

27 € 75 ct

2 Finde passende Scheine und Münzen.

a)
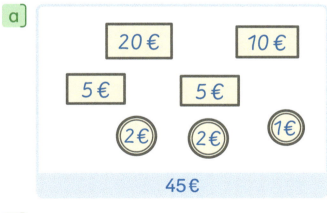

20 €   10 €

5 €   5 €

2 €   2 €   1 €

45 €

b)
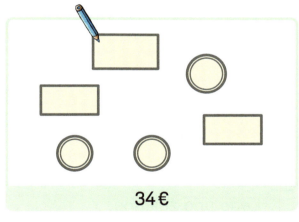

34 €

c)
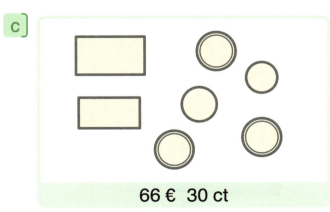

66 € 30 ct

d)
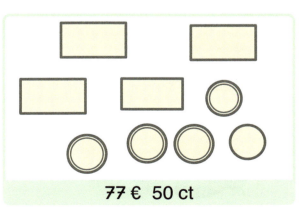

77 € 50 ct

★ Geldbeträge zusammenstellen und zeichnen
★ Geldbeträge nach Vorgabe mit Scheinen und Münzen zusammenstellen

 ÜH 60   AH 61   B

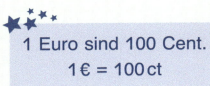

1 Euro sind 100 Cent.
1 € = 100 ct

1 Suche dir ein anderes Kind.
Stellt mit verschiedenen Münzen den Betrag von einem Euro zusammen.

50 ct + 50 ct = 1 €

Fünf 20-Cent-Münzen ergeben einen Euro.

2 Kreise die Münzen ein, die zusammen einen Euro ergeben.

a)

b)

c)

d)

3 Ermittle den Betrag, der fehlt, damit im Geldbeutel genau ein Euro ist.
Lege und zeichne.

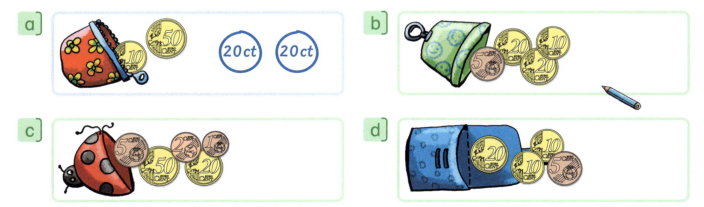

a) 20ct 20ct

b)

c)

d)

★ 1 Euro mit Münzen unterschiedlich zusammenstellen
★ bei dargestellten Münzen jeweils den Betrag von einem Euro finden und einkreisen
★ dargestellte Geldbeträge ermitteln und zeichnerisch zu 1 Euro ergänzen

1 Stelle mit Scheinen den Betrag von 100 Euro zusammen. Schreibe auf, wie viele Scheine du benötigst. Du kannst zuerst mit Rechengeld legen.

a) mit 50-Euro-Scheinen: [2] Scheine   b) mit 20-Euro-Scheinen: [   ] Scheine

c) mit 10-Euro-Scheinen: [   ] Scheine   d) mit 5-Euro-Scheinen: [   ] Scheine

2 Stelle 100 Euro mit Scheinen zusammen.
Trage ein, welche Scheine es sein können.

a) 50 €   20 €   20 €   10 €

b) [   ] [   ]

c) [   ] [   ] [   ] [   ] [   ] [   ]

d) [   ] [   ] [   ] [   ] [   ]

3 Ermittle den Betrag, der zu 100 Euro fehlt. Lege, zeichne und rechne.

a)  20 €
[80] € + [   ] € = 100 €

b)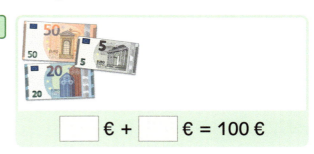
[   ] € + [   ] € = 100 €

c)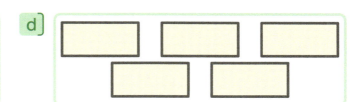
[   ] € + [   ] € = 100 €

d)
[   ] € + [   ] € = 100 €

★ 100 Euro mit jeweils gleichen Scheinen unterschiedlich zusammenstellen
★ 100 Euro nach Vorgabe mit Scheinen zusammenstellen
★ dargestellte Geldbeträge ermitteln und zeichnerisch sowie rechnerisch zu 100 Euro ergänzen

1 Ermittle den Geldbetrag. Zeichne den gleichen Betrag mit nur einer Münze.

2 Ermittle den Geldbetrag. Lege und zeichne den gleichen Betrag mit möglichst wenigen Münzen und Scheinen.

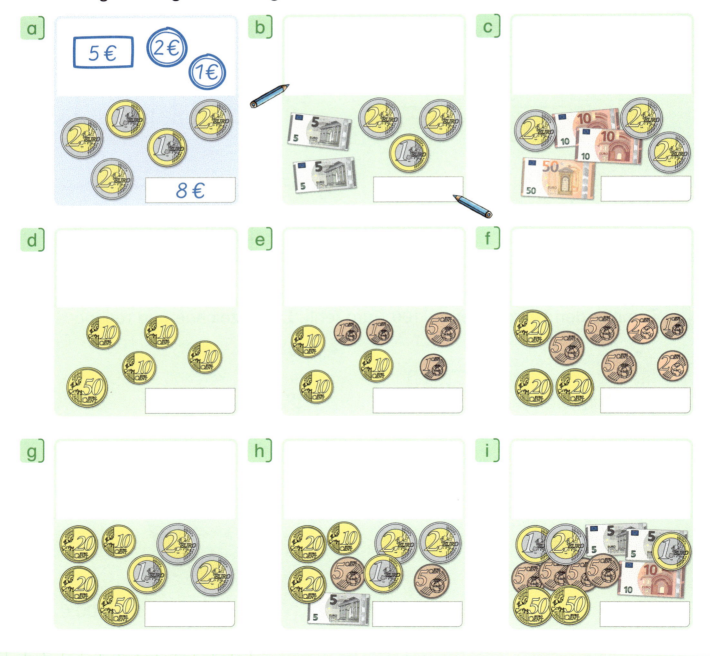

€

B

★ vorgegebene Geldbeträge ermitteln und mit möglichst wenigen Münzen und Scheinen neu zusammenstellen

1 Besorge dir Prospekte.
Schneide verschiedene
Dinge und ihre Preise aus
und gestalte ein Plakat.
Schreibe die Preise dazu.
Du kannst die Preise auf
Euro-Beträge runden.

2 Überlege dir, welche Preise zu welchen Dingen passen könnten. Verbinde.

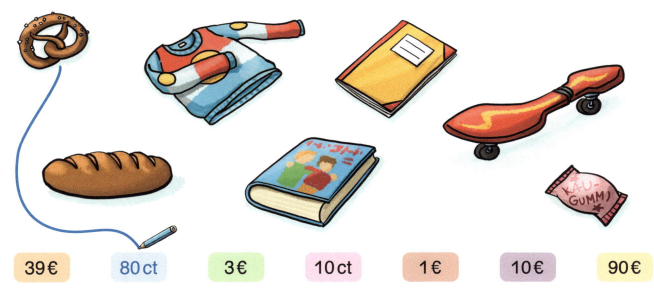

| 39 € | 80 ct | 3 € | 10 ct | 1 € | 10 € | 90 € |

3 Schreibe auf, welche einzelnen Dinge du dir kaufen kannst,
wenn du folgende Beträge hast. Nutze dazu auch dein Plakat.

a) 1 € _____

_____

b) 5 € _____

_____

c) 10 € _____

_____

★ MK: Plakat mit Prospektausschnitten und Preisen gestalten
★ Preisangaben und Produkte passend zuordnen
★ für verschiedene Geldwerte passende Repräsentanten finden

61

1 Berechne, wie viel die Kinder bezahlen müssen.

a) Lea kauft:

R: _____

A: Lea muss _____ bezahlen.

b) Janek kauft:

R: _____

A: Janek muss _____ bezahlen.

c) Max kauft:

R: _____

A: Max muss _____ bezahlen.

d) Maja kauft:

R: _____

A: Maja muss _____ bezahlen.

2 Überlege dir, was du kaufen möchtest.
Berechne, was du bezahlen musst.

a) Ich kaufe:

R: _____

A: Ich muss _____ bezahlen.

b) Ich kaufe:

R: _____

A: Ich muss _____ bezahlen.

★ Gesamtpreis in bildlich dargestellten Einkaufssituationen ermitteln, SF: Antwortsatz
ergänzen ★ selbst Einkaufssituationen darstellen und Gesamtpreise ermitteln

> Ich gebe dem Mann an der Kasse 20 €.
> Das Buch kostet aber nur 12 €.
> Den Rest bekomme ich zurück.
> Das ist mein Rückgeld.

Das Rückgeld kannst du auf zwei unterschiedliche Arten berechnen:

Als Minusaufgabe	Als Ergänzungsaufgabe
20 € – 12 € = 8 €	12 € + 8 € = 20 €

1 Ermittle das Rückgeld.

a) Tim kauft: Tim gibt: 17 € 20

Rückgeld: _____

b) Mai-Lin kauft: Mai-Lin gibt: 37 € 50

Rückgeld: _____

2 Berechne das Rückgeld. Schreibe deine Rechnung auf.

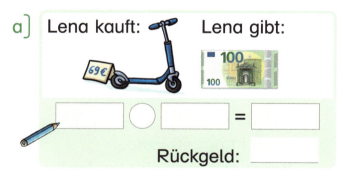

a) Lena kauft: Lena gibt: 69 € 100

☐ ◯ ☐ = ☐

Rückgeld: _____

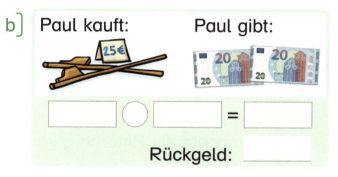

b) Paul kauft: Paul gibt: 25 € 20 20

☐ ◯ ☐ = ☐

Rückgeld: _____

3 Berechne den Gesamtpreis und das Rückgeld.
Schreibe beide Rechnungen auf.

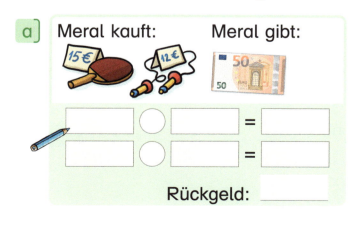

a) Meral kauft: Meral gibt: 15 € 12 € 50

☐ ◯ ☐ = ☐
☐ ◯ ☐ = ☐

Rückgeld: _____

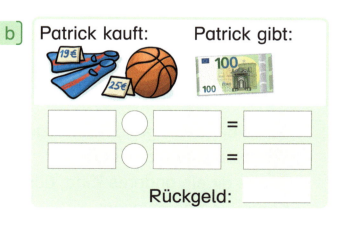

b) Patrick kauft: Patrick gibt: 19 € 25 € 100

☐ ◯ ☐ = ☐
☐ ◯ ☐ = ☐

Rückgeld: _____

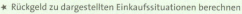
★ Rückgeld zu dargestellten Einkaufssituationen berechnen
★ Rückgeldberechnung als Minusaufgabe oder additive Ergänzungsaufgabe notieren

1   Schreibe zu jeder Rechengeschichte die Rechnung und die Antwort auf.

a]   Lisa möchte die Autorennbahn und den Teddy kaufen.
Wie viel kostet das zusammen?

R: 4 8 € + 1 5 € = 6 3 €

A: *Zusammen kostet es 63 €.*

b]   Max kauft den Bagger. Er bezahlt mit einem 50-Euro-Schein.
Wie viel bekommt er zurück?

R:

A:

c]   Tim möchte die Ritterburg kaufen.
Er hat schon 45 Euro gespart.
Wie viel muss er noch sparen?

R:

A:

d]   Mai-Lin hat 40 Euro.
Was kann sie dafür kaufen?

R:

A:

2   Schreibe eine eigene Rechengeschichte.
Prüfe, ob sie lösbar ist.
Suche dir ein anderes Kind, das sie löst.
Kontrolliert gemeinsam.

Seite 64 Aufgabe 2
...

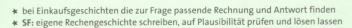
★ bei Einkaufsgeschichten die zur Frage passende Rechnung und Antwort finden
★ SF: eigene Rechengeschichte schreiben, auf Plausibilität prüfen und lösen lassen

1 Finde eine passende Rechnung und den Antwortsatz.

a) Tim möchte sich ein Auto und einen Lastwagen kaufen.

9 Euro   15 Euro

Wie viel kostet das zusammen?

Prüfe, ob deine Lösungen passen.

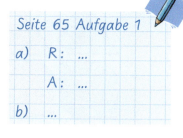

Seite 65 Aufgabe 1

a) R: ...

A: ...

b) ...

b) Janek hat 45 Euro gespart. Er kauft sich einen Tischtennis-schläger.

15 Euro

Wie viel Geld hat er noch?

c) Der Vater kauft für Meral einen Füller. Er bezahlt mit einem 50-Euro-Schein.

18 Euro

Wie viel Geld bekommt er zurück?

2 Finde zwei passende Rechnungen und zwei Antwortsätze.

a) Maja möchte drei Fische für ihr Aquarium kaufen. Jeder Fisch kostet 5 Euro. Sie hat 30 Euro dabei.

je 5 Euro

Wie viel kosten Majas Fische?
Wie viel hat sie noch übrig?

Seite 65 Aufgabe 2

a) R: ...

A: ...

R: ...

A: ...

b) ...

b) Paul spart für Inline-Skates. Er hat schon 30 Euro gespart. Seine Oma schenkt ihm noch 20 Euro.

79 Euro

Wie viel Geld hat er jetzt?
Wie viel muss er noch sparen?

c) Anne kauft sich eine neue Uhr. Sie bezahlt mit einem 50-Euro-Schein.

25 Euro   32 Euro

Wie viel Geld bekommt sie zurück? Kann sie sich auch noch den Ring kaufen?

★ bei Einkaufsgeschichten die jeweils zur Frage passende Rechnung und Antwort finden
★ **SF:** Rechnungen und Antwortsätze in Bezug auf Einkaufsgeschichten und Fragen auf Plausibilität prüfen

1 Aus den Bauklötzen kannst du verschiedene Häuser zusammensetzen.

a Zeichne alle Möglichkeiten auf.

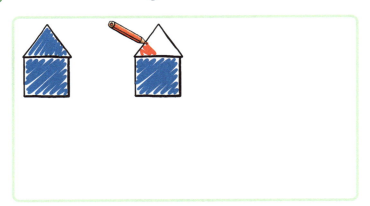

b Trage in die Tabelle alle Möglichkeiten ein.

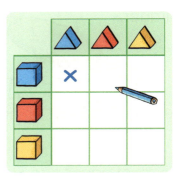

c Bestimme die Anzahl der Möglichkeiten. Finde eine passende Rechnung.

Es gibt [ ] Möglichkeiten.

R:

d Das Dach soll immer eine andere Farbe als der Würfel haben.
Bestimme die Anzahl der Möglichkeiten. Die Tabelle hilft dir.

Es gibt [ ] Möglichkeiten.

2 Bestimme, welche Häuser du aus diesen Bauklötzen zusammensetzen kannst.

a Zeichne alle Möglichkeiten oder schreibe in einer Tabelle alle Möglichkeiten auf.

b Bestimme die Anzahl der Möglichkeiten.
Du kannst auch rechnen.

Seite 66 Aufgabe 2

a) ...

✶ aus drei unterschiedlich farbigen Bauklötzen verschiedene Häuser zusammenstellen
✶ alle Möglichkeiten finden, zeichnen und in einer Tabelle notieren, Anzahl der Möglichkeiten
berechnen ✶ Vorgehensweisen auf eine veränderte Ausgangssituation übertragen

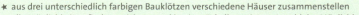

1 Suche dir drei andere Kinder. Begrüßt euch gegenseitig mit Abklatschen. Bestimmt, wie oft ihr abklatschen müsst, bis sich alle begrüßt haben.

> 2 Kinder – 1 Mal abklatschen

2 Die vier Kinder Tim, Lea, Maja und Paul haben sich gegenseitig begrüßt. Tim hat eine Skizze gemacht. Lea hat eine Tabelle angelegt.

> Lea und Paul haben sich schon begrüßt.

> Keiner begrüßt sich selbst.

	Tim	Lea	Maja	Paul
Tim		×	×	×
Lea			×	×
Maja				×
Paul				

a) Betrachte mit einem Partner Tims Skizze und Leas Tabelle. Besprecht, was euch auffällt.

b) Übertrage Tims Skizze oder Leas Tabelle in dein Heft.

c) Bestimme die Anzahl der Begrüßungen und schreibe sie auf. Finde eine passende Rechnung.

> Seite 67 Aufgabe 2
> b) ...
> c) Es gibt ...
> R: ...

3 Die fünf Kinder Max, Janek, Anne, Lena und Tobi begrüßen sich.

a) Zeichne oder schreibe in einer Tabelle alle Begrüßungen auf.

> Seite 67 Aufgabe 3
> a) ...

b) Bestimme die Anzahl der Begrüßungen. Du kannst auch rechnen.

★ mit drei anderen Kindern sich gegenseitig per Handschlag begrüßen ★ alle Kombinationen finden, in einem Pfeilbild darstellen und in einer Tabelle notieren, rechnerische Lösung ableiten ★ Vorgehensweisen auf eine veränderte Ausgangssituation übertragen

> Es ist *sicher*, dass ich ein Zauberer bin.
> Es ist *möglich, aber nicht sicher*, dass ich richtige Ergebnisse zaubern kann.
> Es ist *unmöglich*, dass ich fliegen kann.

| sicher | möglich | unmöglich |

1 Bestimme, ob die Aussage sicher oder unmöglich ist. Kreuze an.

	sicher	unmöglich
Alle Dreiecke haben drei Ecken.	✗	
Silvester ist am 31. Dezember.		
Mein Vater ist jünger als ich.		
1 Meter sind 100 Zentimeter.		
Weihnachten ist im August.		
Nach Sonntag kommt Montag.		

2 Bestimme, ob die Aussage sicher, möglich oder unmöglich ist. Kreuze an.

	sicher	möglich	unmöglich
Wenn ich dreimal würfle, bekomme ich eine Sechs.		✗	
Alle Rechtecke haben 4 Seiten.			
Auf dem Schulweg sieht Lisa ein rotes Auto.			
Jeder Tag hat 24 Stunden.			
Morgen scheint die Sonne.			
Tim springt beim Weitsprung 10 m weit.			

3 Finde selbst eine Aussage, die ...

a) ... sicher ist: _____

b) ... möglich ist: _____

c) ... unmöglich ist: _____

★ **MK:** Aussagen zu Alltagsgegebenheiten mit „sicher" „möglich" und „unmöglich" bewerten
★ **SF:** zu den Grundbegriffen der Wahrscheinlichkeit „sicher", „möglich" und „unmöglich" passende Aussagen finden

> Meral nimmt vier Gummibärchen vom Teller.

1 Meral nimmt mit verbundenen Augen vier Gummibärchen vom Teller.
Entscheide, ob die Aussage sicher, möglich oder unmöglich ist.

	sicher	möglich	unmöglich
Drei Gummibärchen sind rot, eins ist gelb.		x	
Alle vier Gummibärchen sind gelb.			
Alle vier Gummibärchen sind rot.			
Zwei Gummibärchen sind rot, zwei sind gelb.			
Drei Gummibärchen sind gelb, eins ist rot.			
Mindestens ein Gummibärchen ist gelb.			

2 Wie viele Gummibärchen muss Meral mindestens vom Teller nehmen, …

a … damit sie sicher ein gelbes bekommt?

_____

b … damit sie sicher ein rotes bekommt?

_____

3 Jetzt nimmt Meral vier Gummibärchen von diesem Teller.
Finde selbst eine Aussage, die …

a … sicher ist: _____

b … möglich ist: _____

c … unmöglich ist: _____

★ die Wahrscheinlichkeit von Handlungsergebnissen bewerten
★ Ausgangssituation entsprechend dem vorhergesagten Handlungsergebnis anpassen
★ SF: zum vorhergesagten Handlungsergebnis treffende Aussagen formulieren

 ÜH 64   **69**

1 Janek nimmt mit verbundenen Augen ein Gummibärchen von einem Teller. Gib den Buchstaben des Tellers an, von dem Janek das Gummibärchen nehmen muss, damit die Aussage stimmt.

A   B   C

a) Es ist wahrscheinlich, dass er ein gelbes Gummibärchen erhält.   Teller A

b) Es ist unwahrscheinlich, dass er ein gelbes Gummibärchen erhält.   Teller ___

c) Es ist wahrscheinlich, dass er ein rotes Gummibärchen erhält.   Teller ___

d) Es ist unwahrscheinlich, dass er ein rotes Gummibärchen erhält.   Teller ___

2 Bestimme, von welchem Teller die Kinder ein Gummibärchen nehmen müssen, um ihr Wunsch-Gummibärchen zu bekommen.

A   B   C

Ich mag nur rote Gummibärchen.	Ich mag gelbe und grüne Gummibärchen.	Ich mag keine gelben Gummibärchen.	Ich mag rote und gelbe Gummibärchen am liebsten.

Teller B	Teller ___	Teller ___	Teller ___

3 Stelle für Tim jeweils einen Teller mit vier Gummibärchen zusammen, damit die Aussage stimmt.

a) Es ist sicher, dass er ein rotes erhält.

b) Es ist wahrscheinlich, dass er ein gelbes erhält.

c) Es ist unmöglich, dass er ein rotes erhält.

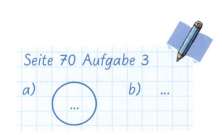

Seite 70 Aufgabe 3

a) (...)   b) ...

 AH 64

 D 79

★ zu vorhergesagten Handlungsergebnissen jeweils eine passende Ausgangssituation zuordnen ★ zu vorhergesagten Handlungsergebnissen jeweils eine passende Ausgangssituation erstellen

Themenheft 4

⭐ Addition und Subtraktion ⭐ Längen ⭐ Sachaufgaben Teil 4 ⭐ Geld
⭐ Kombinatorik und Wahrscheinlichkeit

Erarbeitet von: Roland Bauer und Jutta Maurach

Redaktion: Sophie Arndt, Agnetha Heidtmann, Friederike Thomas

Illustration: Yo Rühmer

Grafiken (Scheine und Münzen): Christine Wächter

Umschlaggestaltung: Cornelia Gründer, agentur corngreen, Leipzig

Layout und technische Umsetzung: lernsatz.de

Bildquellen: **Euro-Scheine:** Cornelsen/Christine Wächter/Deutsche Bundesbank. **Euro- und Cent-Münzen-Wertseite:** Cornelsen/Christine Wächter/Deutsche Bundesbank/Luc Luycx aus Belgien. **Nationale 1- und 2-Euro-Seite:** Cornelsen/Christine Wächter/Deutsche Bundesbank/Heinz Hoyer und Sneschana Russewa-Hoyer. **Nationale 10-, 20-, 50-Cent-Seite:** Cornelsen/Christine Wächter/Deutsche Bundesbank/Reinhart Heinsdorff. **Nationale 1-, 2-, 5-Cent-Seite:** Cornelsen/Christine Wächter/Deutsche Bundesbank/Prof. Rolf Lederbogen.

Begleitmaterialien für Lernende der zweiten Klasse

Einstern 2 Paket Verbrauchsmaterial	978-3-06-084735-8	BigBook	978-3-06-084796-9
Einstern 2 *leicht gemacht*		BuchTaucher-App	978-3-06-084449-4
Paket Verbrauchsmaterial	978-3-06-084741-9	Interaktive Übungen	978-3-06-084767-9
Arbeitsheft	978-3-06-084758-7	GrundschulTrainer-App	978-3-06-084449-4
Übungssternchen	978-3-06-084732-7		

 Deine **interaktiven Gratis-Übungen** findest du hier:

1. Gehe auf scook.de.
2. Gib den unten stehenden Zugangscode in die Box ein.
3. Hab viel Spaß mit deinen Gratis-Übungen.

Dein Zugangscode auf

www.scook.de | fgocr-n465g

www.cornelsen.de

1. Auflage, 2. Druck 2022

Alle Drucke dieser Auflage sind inhaltlich unverändert
und können im Unterricht nebeneinander verwendet werden.

© 2021 Cornelsen Verlag GmbH, Berlin

Druck und Bindung: Livonia Print, Riga

ISBN 978-3-06-084712-9
ISBN 1100027602 (Themenhefte 1–4 und Diagnose-Sternchen als E-Book)

PEFC zertifiziert
Dieses Produkt stammt aus nachhaltig bewirtschafteten Wäldern und kontrollierten Quellen.
www.pefc.de
PEFC/12-31-006

Vorschläge für Plenumsphasen zum vertiefenden Erwerb prozessbezogener Kompetenzen

S. 6/10/16/20	Kinder beschreiben an Beispielen ihre Rechenschritte, vergleichen und bewerten unterschiedliche Vorgehensweisen; mithilfe der Sprachvorbilder benennen sie Kriterien guter Beschreibungen (S. 10 →BigBook: Seite 32; S. 20 →BigBook: Seite 34)
S. 11/21	Kinder stellen an ausgewählten Beispielaufgaben die Rechenschritte beim vorteilhaften Rechnen mit 9 Einern vor und begründen diese; sie finden weitere Aufgaben, bei denen der Rechenvorteil genutzt werden kann
S. 13/23	Kinder stellen Fehlerquellen und Vermeidungsstrategien vor
S. 24	Kinder erkennen, dass Angaben zur Breite und zur Höhe von Gegenständen auch Längenangaben sind; sie tauschen sich über unterschiedliche Möglichkeiten des indirekten Vergleichs aus oder stellen erprobte Vorgehensweisen vor
S. 25	Kinder stellen Ergebnisse von Längenbestimmungen mit Körpermaßen vor, vergleichen diese und leiten daraus die Einsicht für die Notwendigkeit genormter Maßeinheiten ab
S. 32	Kinder stellen die gefundenen Repräsentanten vor und beschreiben deren Nutzen beim Schätzen von Längen
S. 39	Kinder stellen die Vorgehensweise beim Runden von Zahlen und beim Erstellen der Überschlagsrechnung vor; sie erkennen und beschreiben Möglichkeiten und Grenzen beim Kontrollieren mit der Überschlagsrechnung
S. 43	Kinder stellen an Beispielen Möglichkeiten zum Vereinfachen von Aufgaben durch Zusammenfassen vor
S. 45	Kinder identifizieren in beispielhaft ausgewählten Plus- und Minusaufgaben gerade und ungerade Zahlen; sie beschreiben und begründen Zusammenhänge in Bezug auf das Ergebnis
S. 47	Kinder erklären die mathematischen Beziehungen in magischen Quadraten und erklären ihren Lösungsweg
S. 49	Kinder stellen ihre Plakate mit den Signalwörtern für Plus- und Minusaufgaben vor
S. 49/50/62/64	Kinder stellen ihre selbst erstellten Rechengeschichten vor (S. 49/50 →BigBook: Seite 36; S. 64 →BigBook: Seite 38)
S. 61	um Vergleichsgrößen zu Geldwerten aufzubauen, nutzen die Kinder bei der Plakatgestaltung Euro- oder auf Zehnerzahlen gerundete Cent-Beträge; sie stellen für vorgegebene Beträge verschiedene Repräsentanten vor
S. 63	Kinder stellen ihren gewählten Rechenweg bei der Ermittlung des Rückgelds vor; sie vergleichen und bewerten beide Vorgehensmöglichkeiten
S. 66	Kinder stellen ihr Vorgehen beim Finden aller Möglichkeiten vor; sie vergleichen und bewerten diese ebenso wie die unterschiedlichen Notationsformen
S. 68	Kinder beschreiben die Grundbegriffe der Wahrscheinlichkeit „sicher", „möglich" und „unmöglich" anhand von Beispielen mit eigenen Worten und grenzen sie gegeneinander ab
S. 70	Kinder beschreiben anhand durchgeführter Zufallsexperimenten die Begriffe „wahrscheinlich", „unwahrscheinlich", „unmöglich" und „sicher" mit eigenen Worten; sie erstellen aufgabenbezogen Ausgangssituationen zu antizipierten Handlungsergebnissen

Vorschläge für die Förderung von Medienkompetenz

S. 30	Kinder recherchieren im Internet Längenmaßeinheiten anderer Länder (z. B. Großbritannien und USA)
S. 32	Kinder gestalten ein Plakat zu verschiedenen Längenangaben (z. B. 1 cm, 10 cm, 50 cm, 1 m, 2 m), sie stellen je Repräsentanten zusammen
S. 40	Kinder erstellen erste einfache Rechentabellen am PC und füllen sie aus
S. 49/50/62/64	Kinder erstellen eine (digitale) Sammlung/ein Buch mit den von den Kindern selbst verfassten Rechengeschichten
S. 50	Kinder erstellen eine Merktafel mit Signalwörtern für die Rechenoperationen plus und minus, mal und geteilt

Synopse zu den Medienkompetenzbereichen

Suchen, Verarbeiten und Aufbewahren	S. 30, 49, 50, 53, 62, 64, 68
Produzieren und Präsentieren	S. 30, 32, 49, 50, 61, 62, 64
Problemlösen und Handeln	S. 8, 13, 18, 23, 26, 30, 40, 41